日本人を赤く染めた

共産党と日教組の歴史観を糾す

ガラクタ・ポンコツの思想

安濃 豊

展転社

はじめに

左翼という表現は極めて曖昧である。自民党の中にも左翼思想の持ち主はいるし、野党の中でも旧社会党から分派した各党は左翼であろう。極左と言われる革マルや中核などの旧全共闘系も左翼に分類される。

保守論壇が左翼を批判するとき、「左翼」という言葉を使用する限り、その対象は極めて曖昧である。そのため、数ある左翼のうち、どの政治グループを指すのか焦点を絞れず、読者は戸惑うばかりである。

左翼という言葉を厳密に規定せずに論を進めてきたことも既存保守論壇の弱点であったと著者は考える。

本書では左翼という言葉は極力使用せず、日本共産党と日教組にターゲットを絞る。全共闘各派は所詮日本共産党からの分派であり、元凶は日本共産党に遡る。戦後メディアの労組支配などで影響力を強めていた共産党は、自分たちにとって都合のよい歴史を捏造し、それを支配下にあるテレビ、新聞を利用して国民に植えつけ洗脳してきた。ＮＨＫ、ＴＢＳ、テレ朝の論調、朝日・毎日新聞の論調が共産党の機関紙「赤旗」と瓜二つなのはそのためである。代々木からの指令を受けて番組をつくり、紙面を構成しているのである。担当者は共産党員か秘密党員である。

日教組は共産党が捏ち上げた「インチキ歴史観」を教育現場で子供たちに刷り込み洗脳することを仕事としてきた。子供の脳には先入観がなく、嘘かどうかを判定する知能も備わっていない。それゆえ、洗脳刷り込みは極めて容易である。

一九六〇―七〇年代にかけて全共闘運動で学内のみならず学外でも「暴力革命ごっこ」に勤しんでいた全共闘世代と呼ばれる「団塊バカ左翼」は、小中高校の授業で日教組教員に共産党捏造史観を刷り込まれた連中である。

団塊左翼はすでに七十歳代へ駆け上がろうとしているが、子供の頃に受けた洗脳は総入れ歯となり、まだらハゲとなり、前立腺は腫れ上がり、頻尿対策の襁褓《おしめ》すら頻繁に取り替える今日この頃となっても解かれることはない。

「憲法九条がこの国を守っているから憲法改正はけしからん、自衛隊はアジアを再び侵略するための軍隊組織であるから廃止せよ」と叫んでいたことを忘れて、北鮮からミサイルが飛んでくると塀の陰に頭を抱えて孫そっちのけで醜くうずくまり、「政府は何をしてるんだ」と非難する。そしていまだに「あの戦争は侵略戦争だった、米国が日本を軍国主義から民主化してくれた」と、もともと低ＩＱだった団塊左翼は主張するのであった。

年金暮らしの団塊左翼たちは日がな一日テレビを見る。チャンネルはＮＨＫ、ＴＢＳ、テレ朝で、購読する新聞は朝日新聞である。

団塊世代にとっては、子供の頃に洗脳された共産党インチキ歴史観を再確認することが心地よいのである。何が真理であるかなどどうでもよい。彼らは子供の頃に洗脳された共産党・日教組歴史観が正しかったことを再確認したいだけなのである。

もしも共産党・日教組の歴史観がインチキだったということになると、それを信じ込んで生きてきた自分の人生そのものがインチキであり、無駄な人生であったということになるゆえ、彼らは左翼脳のまま死んでいくことを望んでいる（実際、無駄な人生であったのだが……）。

本書では戦後、共産党・日教組が捏ち上げ子供たちに刷り込んできた歴史事象がすべて自己正当化のための捏造、妄想であったことを科学的論理的に証明する。たとえば「特攻隊員は『天皇陛下万歳』などとは叫ばず、『お母さん』と叫び、死への恐怖から小便漏らして突入した」と日教組教員が子供たちに教えていたが、これは科学的にあり得ない話である。「お母さん」と叫んだことを誰が聞いたのだろうか。特攻機は電話級無線機など搭載していない。モールスしか積んでいない。肉声で叫んでもエンジン音にかき消され他者に聞こえるはずがない。小便漏らしたと言うが、四散した機体を引き上げて確認したとでもいうのだろうか。このように、共産党・日教組の歴史観はインチキなのである。

日教組教育の寵児たる団塊左翼諸君には悪いが、本書は君らが信じてきた共産党・日教組歴史観がデタラメであったことを科学的に証明する。君らは自分の人生とは一体何であったのかについて深く噛みしめることになるであろう。人生とは、とくに団塊左翼世代には悲しく切ないものである。

目次

日本人を赤く染めた共産党と日教組の歴史観を糾す

——ガラクタ・ポンコツの思想

第五章　左翼共産・日教組によるアジア解放史観への反論

カバーデザイン　古村奈々＋Zapping Studio

第一章　共産主義の崩壊

地上の楽園と言われたソ連の実態

一九九一年十二月二十五日に発生したソ連崩壊によって、マルクス・レーニン型共産主義という体制が人類の統治体制としては不適格なものであることが歴史科学論的に証明された。

共産主義という統治体制が人類にとって不適切な体制である理由は、その統治機構が生物学的本能に反した体制であることだ。

霊長類の雄は餌を採ってつがいの雌と子に与える。餌の量が多ければ多いほど、子は頑健に育ち、病気にも強くなる。それゆえ、雄は多くの餌を獲得しようとする。しかし、共産主義では富は均一に分配されるから、その体制では雄としての生物学的本能が満たされることはない。それゆえ、ソビエト体制では勤労意欲が失われ、朝から寝るまでウォッカ漬となる男が激増した。その結果、ロシア男たちの平均寿命は六十歳以下に落ち込み、その労働力の欠損を女たちが埋め合わせした。

ソ連崩壊まで日本では「ソ連では女性の人権が保証され男女平等が実現している、職場には必ず保育所が完備され、産休も保証されている。それに比べてわが国ではいまだに共働きは偏見の目で見られ、保育所不足で主婦が外で働くことは歓迎されていない」と、日本共産党と共産党に支配された大手新聞・テレビが繰り返し報道し、共産党員を兼ねる日教組教員が教室でヒステリックに〝「ソ連＝地上の楽園」論〟を連呼していた。

ソ連崩壊から八ヶ月後の一九九二年夏、著者はロシア連邦ハバロフスク地方ハバロフスクにいた。

外国人専用ホテル〝ホテル・インツーリスト〟で著者が宿泊した階の客室マネージャーを務める色白のナターシャさん（三十九歳）はなぜか仕事が明けると著者の部屋を訪ねてきた。手には四つ星つきの高級ウォッカ〝ストリチナヤ〟を必ず持って現れた。そして、「女の子は必要ないか、必要なら手配する」と御用聞きしながら、「今のところ必要ない」と応えると、日本の話を聞かせてくれとせがむのであった。ソ連が崩壊してからハバロフスクにも日本人商社マンが頻繁に訪ねるようになってきたという。その日本人たちの働きぶりを見て、飲んだくれのロシア男との差に愕然としたという。支払いのとき日本人商社マンの財布の中を覗いてまたびっくりしたという。その分厚い札入れにはナターシャさんの数年分の収入が収まっているというのである。その中からチップをくださるのだが、その額でも彼女の月給を上回るという。

「私はこの間まで医者をしてたの。ソ連時代は職業選択の自由なんかなかったわ。どんな職業に就くかは共産党が決めるのよ。それで医者にさせられたわけ」。

「医師の方がホテルの店番より給料がよいのでは」と著者が聞くと、「ソ連じゃ給与は皆平等だから高くはないの、小学校の先生も名医さんも同じ給料よ。ゴルバチョフが国のトップになって自由に仕事を選べるようになったのよ、それでここに来たの。外国人を相手にしてる方が収入がいいのよ、チップを貰えるから」。

ナターシャさんはさらに続けて、「日本人に奥さんの仕事を聞いたら、皆が専業主婦をしているというのよ、本当かしら、ソ連じゃ考えられないわ。この国で専業主婦をできる女は共産党の偉いさんの奥さんだけよ」。

「でも、ロシア女性は外で働けるし、職場には保育所も病院も完備していると聞いたけど、労働環境は日本よりもよいと思いますよ」と応えると、信じられない応えが返ってきた。

「日本の女性が羨ましいわ、私たちロシアの女は家庭を放り出して働かないと反革命分士としてシベリア送りにされ、殺されるのよ。日本なら男の仕事になる危険な仕事までさせられるわ、ロシア男は飲んだくれよ、職場で朝からウォッカを飲んでいるわ。働いても働かなくても給料が同じなら、男は働かずに飲んだくれるのよ。女は子供がいるからそうはいかない。ロシアで子供のために働くのは女よ。だから仕事場に保育所があるのは当たり前よ、そうしないと女を働かすことができないから。病院もあるけれど、あれは日本では病院とは言わないと思うの。包帯も薬も不足して、注射器なんか洗いもせずに使い回しているわ。レントゲンのフィルムはいつの間にか盗まれてなくなっていた。院長が横流したのよ。レコードを自由につくれないソ連では、レントゲンのフィルムに音溝を刻んで西側の音楽を聴くの。ビートルズはレントゲンフィルムに刻まれて闇で流通している、それがロシアの現実よ。横流しについて私が院長を問い詰めたら、色々嫌がらせをされて辞めるしかなくなったわ」。

ナターシャさんの白い肌がウォッカのせいで赤らみ、青い瞳孔を際立たせていた。さらに片言の英語で話を続けた。

「ロシアの女も専業主婦をやりたいのよ、お掃除をして、お洗濯をして、お食事をつくって、家族のセーターを編みながら、ペットの犬といっしょに夫や子供の帰りを待つのよ。一度でいいから専業主婦を体験したいわ。保育所の素性の知れない保育士に子供を預けるなんて嫌だもの」。

これがマスコミと日教組、共産党が「女性天国」と喧伝しまくっていたソビエト社会主義共和国連邦の実態であった。

共産主義は思想的に破綻した

現在なお共産主義体制として残存しているのは北鮮、ベトナム、キューバ、支那である。ベトナムと支那についてはその経済体制は資本主義化しており、事実上共産主義を脱して、ただの共産主義風独裁国家に変異したものと考えて差し支えないであろう。共産主義を離脱したかどうかは証券取引所の開設、カジノの開設などを見れば明らかとなる。不労所得の典型である、株取引や博打が国家によって公認されるということはもはや共産主義国家ではないということである。なぜなら、不労所得は労働価値以外を認めないマルクス主義が最も忌み嫌うものであるからだ。よって、支那とベトナムは共産主義から離脱したものと見做してよいであろう。そう考えれば、純粋なる共産主義国家といえるのは北鮮とキューバの二国のみとなる。二国とも世界の最貧国である。この現実も共産主義の思想的破綻を証明している。

歴史は科学である。理論的に考案された科学法則（理論物理学）の正しさは必ず実験結果によって証明されなくてはいけない。ニュートン力学、アインシュタインの光量子仮説と特殊相対論は実験的にその正しさが確認されたのち、宇宙の普遍的法則と認定された。実験的に確認できない理論は空論としてゴミ箱行きとなる。近年では〝スタップ細胞〟がそのいい例である。

科学的社会主義を表する共産主義は前記のごとく歴史という科学的実験においてその正当性を否定された。それゆえ、いまだに共産主義を信奉する日本共産党は四百年年前に死に絶えた天動説を信ずる輩と同じ、ただの酔狂者にすぎないということになる。

第二章

「反軍国主義」を売るしか生き残る術がない

ソ連崩壊とその影響

ソビエト共産党最後の書記長ミハイル・ゴルバチョフは一九九〇年に複数政党制を導入してソ連共産党の一党独裁に終止符を打った。それに反発する保守派（旧共産党支持派）は一九九一年八月にクーデターを起こしたが失敗。このとき、鎮圧に当たったロシア連邦初代大統領ボリス・エリツィンは八月二十三日にロシア共和国内での共産党の活動を停止させる大統領令、さらに共産党解散を指示する大統領令を発令。十二月にソ連共産党は正式に解党した。

共産主義の本家であり、最初の実験国家であったソ連邦は一九九一年十二月二十五日に消滅した。すなわち共産主義の科学的実験は失敗に終わったのである。日本共産党はその言い訳として「自分たちはソ連共産党とは違う、自分たちが目指す共産主義はソ連のような〝悪評高き独裁的共産主義〟とは異なるゆえ、ソ連邦崩壊は逆に歓迎すべきである」などと嘯《うそぶ》いた。

悲劇はその直後に起きた。ソ連崩壊に伴うロシア政府による公文書公開で、日本共産党は一九二二年にコミンテルン日本支部として誕生し、近年まで〝悪評高き独裁的共産主義〟であるソ連からの資金援助で運営していたことがバレたのである。終始ソビエト共産党の「犬」だったのだ。

共産主義の親方であり師匠であるソ連邦が崩壊し、共産主義の醜態を世に曝すと、日本共産党にもその影響は及び、離党者が相次いだ。党勢に陰りが出てきたのである。

このあたりの状況は生え抜き党員である、通称「土方のタッチャン（六十四歳、札幌市在住）」の談話があるので見てみよう（著者による創作である）。


私が共産党に入党したのは七〇年安保の頃でした。共産党から分派した所謂全共闘が盛んに暴力革命を唱えて街頭活動を繰り広げていた頃です。貧困家庭に育った私は子供の頃から社会主義に憧れていました。日本が社会主義の国になれば貧乏から解放され、だれでも無料で教育と医療を受けることができると聞いたからです。語ってくれたのは日本共産党の党員でした。そんなうまい話があるものかと最初は訝《いぶか》しかったのですが、共産党が政権を取った暁には無学の私でも幹部に取り立ててくれると聞いて入党を決めました。共産党員が札幌市長に就任したなら、無学の私でも市の幹部に取り立ててくれるというのです、ありがたい話です。実際、当時共産党が政権を担っていた京都では共産党員がコネで役職にありついていたのです。幹部になれば年金と退職金がついて豊かな老後が保障されると聞きました。

最初は機関紙赤旗の拡販をやらされました。もう少しで共産党市長が誕生するからと励まされて二十年も経った頃です。いつまで経っても共産党市長など誕生せず、自分は騙されたのかと気づき始めた頃、あの事件が起きました。「ソビエトの崩壊です」。新聞もテレビも共産主義の崩壊とその限界を書き立てていました。それでも共産主義は正しいと言い募っていたのは共産党の赤旗だけでした。

無学の私でもさすがにこれはおかしいと思い始めました。そこで共産党から離れようと決意したのです。もう歳も四十半ばとなり、このままバイト暮らしを続けていては先が見えませんから、ちょうど知り合いが建設会社を始めましたので、正社員にしてくれることを条件に就職しました。正社員と言っても土工夫（土方）なのですが、共産党とはきっぱりと縁切りし、仕事に専念しています。共産党に捧げた私の半生は全く無駄な半生でした。社長は右翼団体の幹部でもありまして、今はたまに社長に頼んで街宣車に乗り込ませて貰っています。もちろんユニホームは戦闘服で旗は日章旗です。歌うのはもちろん軍歌です。共産党員だった二十年間に較べれば、こちらの方がよほど健全に思えます。地下に潜らなくてもよいですから。

以上〝土方のタッチャン〟の共産党党員体験談でした。

日本共産党が戦前の日本を否定する理由

日本共産党は共産主義イデオロギーの無謬性のみに頼って党の正当性を主張してきたので

はなかった。車の両輪に例えるなら、共産主義の正当性という片輪があり、もう一方の片輪にはいわゆる〝日本軍国主義との戦い〟が装置されていた。共産主義という片輪を失った日本共産党は〝戦前に日本軍国主義と戦った唯一の党〟というスローガンを駆動輪とすることに決めた。

戦前における日本共産党は非合法であり、特別高等警察（略して特高）に常に追われていたわけだが、その理由を共産党は「軍国主義に反対していた唯一の民主勢力であったからだ」などと相変わらず大口を叩いている。しかし、実際はどうかというと、暴力革命によって政府を倒し、皇室を皆殺しにすると党綱領に掲げていたから摘発されたのである。議会制民主主義であり立憲君主制の国であった大日本帝国を暴力革命によって転覆せしめ、君主を殺害するぞと明言している集団は摘発されて当然である。そんな集団は今でも破防法の対象になるし、公安の調査対象になる。実際、日本共産党は今でも公安の調査対象に指定されている。共産党弾圧は正しい弾圧であり、今でも復活すべきである。

日本共産党は戦前の日本を全否定しなくては立つ瀬を失う。自分たちを弾圧していた国家を否定しないと、自分たちが悪党と罵られるからである。

共産主義というイデオロギーの無謬性をソ連崩壊によりいとも簡単に打ち破られた共産党は戦前の日本を悪者化することに血道を上げた。その根拠となったのが〝東京裁判史観〟である。

大日本帝国は資源ほしさにアジアを侵略し、原爆落とされて惨めに敗北したとする東京裁判史観は日本を悪人化する格好の材料を日本共産党に提供した。日本を悪者化するという意味において白人植民地主義者（ＧＨＱ）と日本共産党、支那韓鮮は共通の利益を有しているのである。

第三章

大東亜戦争の開戦目的は植民地解放だった

日本共産党が利用する東京裁判史観

日本共産党が大日本帝国糾弾の根拠にしているのが東京裁判史観であることは前述した。日本は東京裁判において戦犯国であると認定されたから、いくらでも侮辱してもよいとするのが日本共産党と支那韓鮮、そして〝疑似戦勝国〟の米国である。

東京裁判による日本悪者論は日本共産党に格好の反日ネタを提供した。東京裁判史観がある限り共産党は未来永劫にわたって日本叩きを行える。

「日本は悪い国なのですよ、だから共産主義の国につくり替えましょう。戦前に共産党が政権を取っていたら、あんな悲惨な戦争に国民を駆り立てることなどなかったのですよ。あんな戦争を起こした天皇さんは本当に悪い人です。共産党が政権を取ったら天皇制を廃止して真に平等な社会をつくります」と。

「日本はアジア侵略を試みて敗北した惨めな国である」とする東京裁判史観が正しいならば、日本共産党は日本人を戦犯民族として未来永劫罵り続けることが可能となったことであろう。しかしながら極めて残念なことに、最近になって東京裁判はいわゆる疑似戦勝国が大日本帝国を悪者とするために捏ち上げた〝カンガルー裁判（インチキ・リンチ裁判、カンガルーは前へ歩くだけなのに、やけに高く跳ね上がる。このことから、些細な犯罪をさも大げさに指弾する裁判をいう）〟であったことが科学的に証明された。証明したのは著者である。

大東亜戦争がアジアにおける欧米植民地解放戦争であり、その開戦目的が開戦中に達成されていたなら、日本共産党を〝弾圧〟していた大日本帝国はアジア解放だけでなく、人種平等、奴隷制廃止を実現した英雄国家となる。それは同時に日本共産党の正当性を崩壊せしめることにも繋がる。なぜなら、古来より英雄に弾圧されるのは悪党であると決まっているからだ。日本アニメでもハリウッドでもヒーローに追いかけられ、退治されるのは悪党に決まっている。参考までに表1に著者の世代に合わせてちと古いが、ヒーローとその敵役の例を挙げる。

ヒーロー名	悪役名
仮面ライダー	ショッカー
ウルトラセブン	バルタン星人
宇宙戦艦ヤマト	ガミラス帝国
スーパーマン	レックス・ルーサー
大日本帝国	日本共産党

表1　ヒーローとその敵役

ここでは大東亜戦争がアジアにおける欧米植民地解放戦争であったことを裏づける記述の一部を拙著『大東亜戦争の開戦目的は植民地解放だった――帝国政府声明の発掘』（展転社刊）より引用する。

詳細については拙著を参照されたい。

資料1は大東亜戦争開戦日、昭和十六年十二月八日発行（発行日付は十二月九日）の朝日新聞夕刊第一面である。マレー上陸作戦、真珠湾攻撃が敢行され、大日本帝国が米英へ宣戦を布告したことを伝える当日の朝日新聞夕刊である。

日本人の多くは十二月八日は記憶に残していても、当日の新聞紙面を読み起こす人は極めて少ないであろう。歴史を再検証する

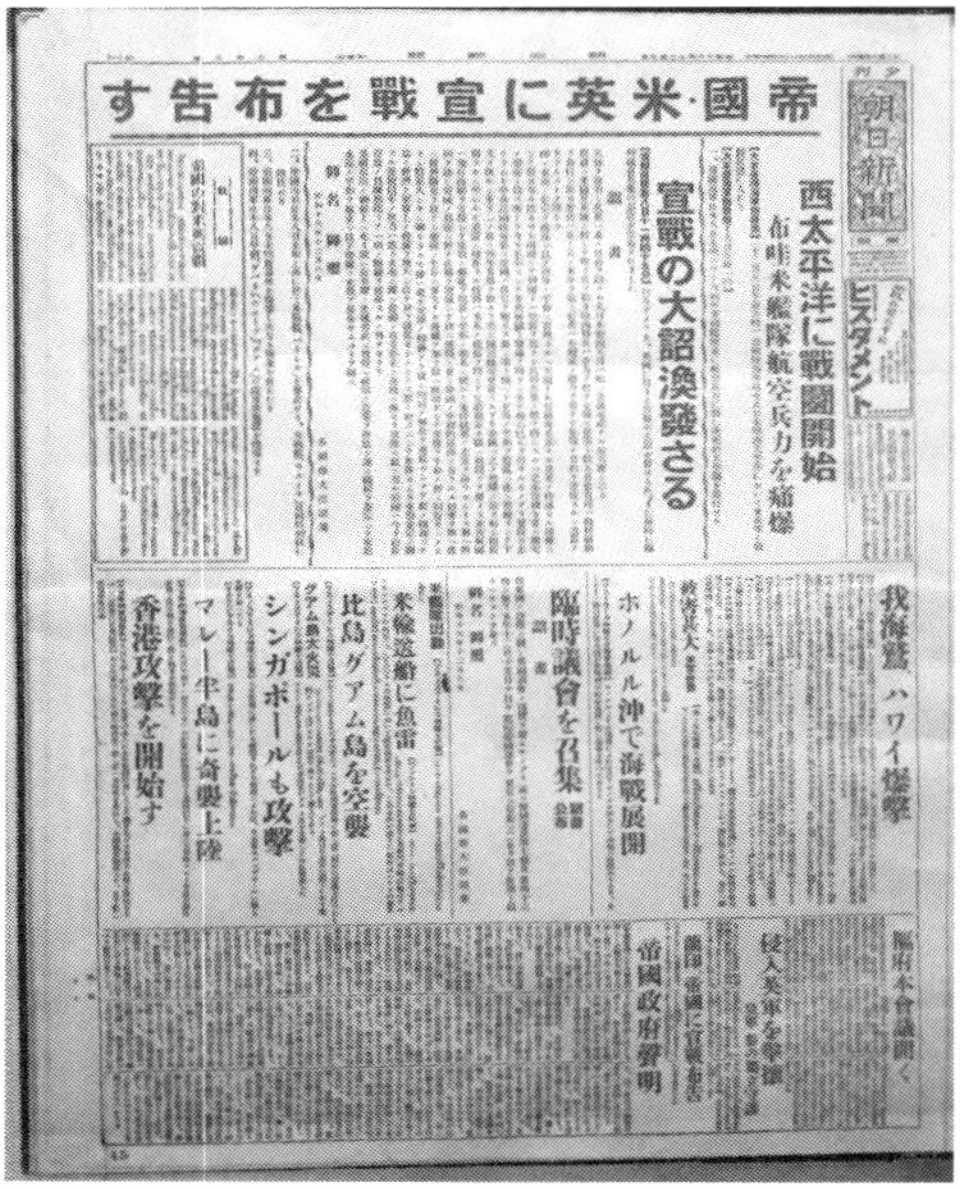
朝日新聞

帝國・米英に宣戰を布告す

西太平洋に戰鬪開始

布哇米艦隊航空兵力を痛爆

宣戰の大詔渙發さる

我海鷲ハワイ爆撃

ホノルル沖で海戰展開

臨時議會を召集

米輸送船に魚雷

比島グアム島を空襲

シンガポールも攻撃

マレー半島に奇襲上陸

香港攻撃を開始す

樞府本會議開く

侵入英軍を撃攘

帝國政府聲明

資料１　開戦当日の新聞
マレー上陸作戦、真珠湾攻撃が敢行され、大日本帝国が米英へ宣戦を布告したことを伝える当日の朝日新聞夕刊である。

とき、新聞は貴重な資料と成る。それでは開戦当日の新聞を読み直してみよう。

まず一番目立つのは、上段中央に位置する昭和超帝の「開戦に当たっての詔書」である。

わが国の言論人、歴史家、評論家などの知識人はその論文、著書で開戦を取り上げるたび、この詔書を取り上げてきた。その内容とは、米英による帝国への横暴を排除し、自存自衛を確保するため、開戦の止む無きに至った経緯を説明し、南方へ出征する兵士を激励すると同時に、内地に残る国民へ銃後の守りを固めるよう訓示したものである。残念ながら、なぜ東南アジアへの進出が必要なのかについてのご説明は書かれていない。この詔書は陛下のご本心を吐露されたものとして、当然のごとく重視され、開戦当日における帝国の意志発露はこの詔書のみであっ

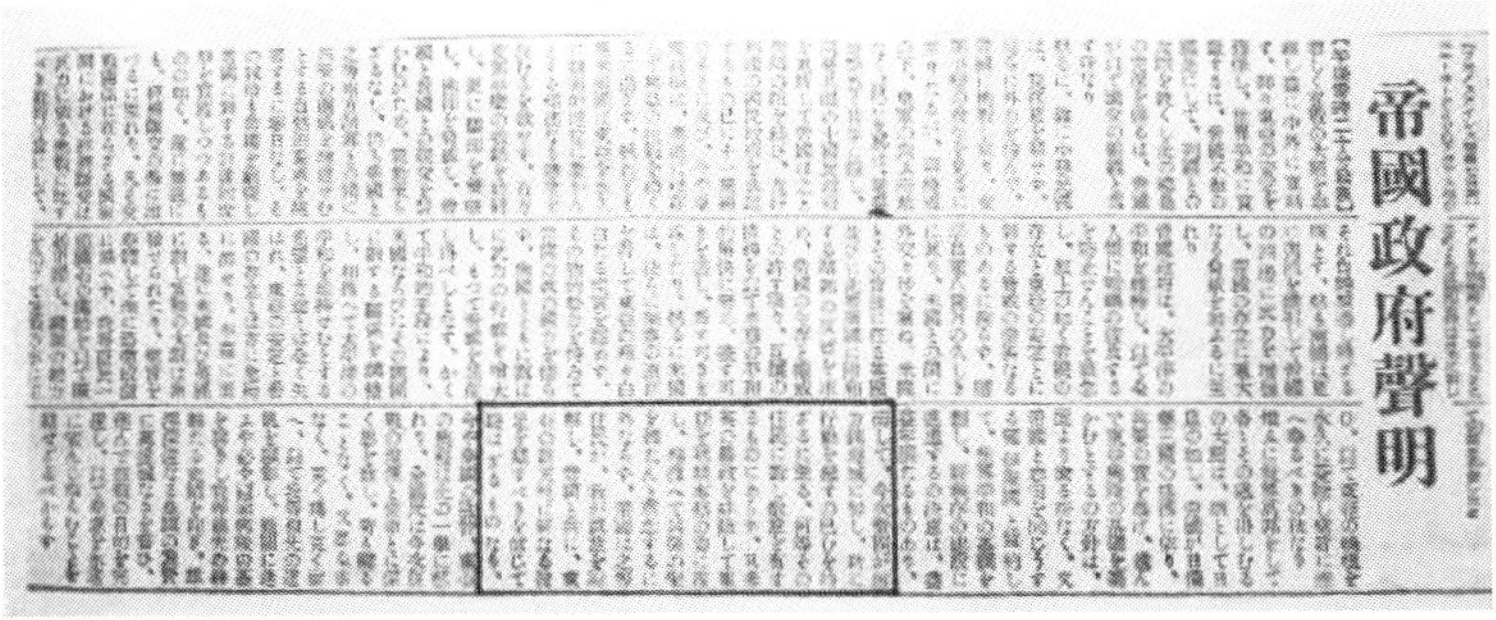
帝國政府聲明

資料２　帝国政府声明

たかのような錯覚を識者へ与えてしまったのか、戦後、大日本帝国の開戦意図を開陳する唯一の文書として多く紹介されてきた。しかし、アジア進攻理由が書き込まれていないため、日本共産党はその自存自衛とはアジア侵略を正当化するための「自存自衛」であったとして悪用した。

紙面の最後段に目を遣ると、「帝国政府声明」（資料２）というものが記載されている。ここに、アジア解放宣言が書き込まれていたのである。詳細については後述する。

この声明を読んでみると、前半は対支那対米英交渉が不調であり、米英からの軍事的脅迫を受け、経済封鎖という戦争行為に等しい抑圧を受けてきたことが書かれている。

もう一度、拙著『大東亜戦争の開戦目的は植民地解放だった――帝国政府声明の発掘』より引用する。

中段から行き成り、次の文章が飛び出してきた。

「而して、今次帝国が南方諸地域に対し、新たに行動を起こすのやむを得ざるに至る、なんらその住民に対し敵意を有するものにあらず、只米英の暴政を排除して、東亜を明朗本然の姿に復し、相携えて共栄の楽を分かたんと祈念するに外ならず。帝国は之ら住民が我が真意を諒解し、帝国と共に、東亜の新天地に新たなる発足を期すべきを信じて疑わざるものなり」

解りやすく書き直すと次のようになる。

「そのため、今回帝国は東南アジア地域に武力進攻せざるを得なくなったが、それは決して東南アジア住民に対して敵意を持つからではない。ただ、米英から東南アジア住民に対し加えられてきた暴政を排除し、東南アジアを白人によって植民地化される前の、明白なる本来在るべき姿へ戻し、ともに協力して繁栄することを願うからである。大日本帝国は東南アジアの住民たちがこの戦争目的を了解し、東亜に新たなる政治経済体制の構築を目差し共に行動することを疑わない」

平たく言えば、「アジアを白人植民地から解放して、白人が支配する前の状態に戻す。即ち独立国家とする」と言っているわけである。

ここで、注目すべきはこの〝アジア解放宣言〟において東南アジアの人々を「住民」と表し「国民」とは呼称していないことである。その理由は明白で、当時東南アジアにタイ王国国民以外に「国民」など存在しなかったからである。タイ王国以外の現地住民は「植民地の住民」だったのである。

（中略）

上記原文記事を著者が読み下し文に変換してみる。

【帝国政府声明　午後　零時二十分發表】

恭しくも陛下より米英に対する宣戦の大詔が発せられたので、大日本帝国政府は国の内外に対し次の政府声明を発表する。東亜の安定を確保し、世界平和に貢献するのは、大日本帝国の不動の国是であり、それを実現するため大日本帝国は列国との友好を最優先してきた。しかしながら、蔣介石国民党政府は、いたずらに外国勢力と徒党を組んで、我が国に敵対し、その結果、支那事変の発生を見た。しかしながら、蔣介石の反発にも拘わらず、陛下の御威光により、大日本帝国陸海軍の向かうところに敵は無く、支那の重要拠点は、ことごとく大日本帝国陸海軍の占拠するところとなり、大日本帝国と志しをおなじくする人々により、南京に国民政府が樹立され、その支那国民政府と大日本帝国は、現在友好関係にあるのみならず、十一ヶ国もの諸国が支那国民政府を支那に於ける正当政府として承認している。そして、これに敵対する蒋介石の重慶政権は、支那の奥地で無駄な抵抗を続けるのみとなってしまった。

こうしてようやく支那に平和が戻ろうとしている情況が出来つつあるのに、米英両国は東亜を永久に隷属的地位に置こうとする頑迷な態度を改めていない。それどころか、米英両国は奸計を労して支那事変の終結を妨害し、オランダをそそのかし、フランスに脅威を与え、大日本帝国とタイ国との親交までも妨害してきた。その目的は、大日本帝国とこれら東亜の南方諸国との共存共栄の道を阻害することである。

こうした米英両国の動きは、大日本帝国を敵視し攻撃しようとするものであるが、今回米英は「経済断交」という暴挙を行うに至った。国家間において「経済断交」というのは、宣戦布告に匹敵する敵対行為であり、国家としてそれを黙認できるものではない。しかも米英両国は、さらに他の国々を誘い込み、大日本帝国の周辺で武力を増強し、大日本帝国の自立に重大な脅威を与えている。

大日本帝国政府はこれまで、上に述べたよう米英が大日本帝国の存立と東亜諸国の安定とに対して重大な脅威を与えて来ているにもかかわらず、太平洋の平和を維持し、全人類に戦禍の波及することがないよう堪忍自重し、米国と外交交渉を重ね、背後にいる英国並びに米英両国に附和雷同する諸国に反省を求め、大日本帝国の生存と権威の許す限り、互譲の精神をもって事態の平和的解決に努めてきた。しかし、米国はいたずらに空虚なる原則を弄び、東亜諸国の現実を認めず、大日本帝国の真の国力を悟ろうともせず、武力による脅威を増大させ、大日本帝国を屈服させようとしてきた。その結果、大日本帝国は、平和的解決手段を全て失う事となった。

東亜の安定と帝国の存立とは、今まさに危機に瀕している。それ故米国及び英国に対し宣戦の詔勅が発せられたのである。詔勅を承り、まことに恐懼感激に堪えないものがある。

帝国臣民は、一億鉄石の団結で決起勇躍し、国家の総力を挙げて戦い、東亜の禍根（白人支配）を永久に排除、聖旨にこたえ奉るべき状況となった。

世界各国が各々その所を得るべしという詔勅は、日星の如く明らかである。

大日本帝国が日満華三国の提携によって共栄の実を挙げ、進んで東亜諸国の興隆の基礎を築こうとしてきた方針は、もとより変るものではない。また大日本帝国は、志を同じくするドイツ、イタリア両国と盟約し、世界平和の基調を糾すべく新秩序の建設に邁進する決意をますます強固にしている。

今回帝国は東南アジア地域に武力進攻せざるを得なくなったが、それは決して東南アジア住民に対して敵意を持つからではない。ただ、米英から東南アジア住民に対し加えられてきた暴政を排除し、東南アジアを白人によって植民地化される前の、明白なる本来在るべき姿へ戻し、ともに協力して繁栄することを願うからである。大日本帝国は東南アジアの住民たちがこの戦争目的を了解し、東亜に新たなる政治経済体制の構築を目差し共に行動することを疑わない。

今や大日本帝国と東亜の興廃は、この一挙にかかることとなった。全国民は、このたびの戦いの原因と使命に深く思いを馳せ、けっして驕ることなく、また怠ることなく、よく尽くし、よく耐え、それによって私たちの祖先の遺風を顕彰し、困難にあったら必ず国家興隆の基を築いた父祖の光栄ある歴史と業績と雄渾深遠なる陛下の統治を思い、万事にわたってソツがないようにすることを誓い、進んで戦争の目的を完遂し、陛下の御心を永遠に安んじ奉ることを期待する。

アンダーラインを付した部分を著者は〝アジア解放宣言〟と命名した。資料3にその拡大を示す。

昭和十六年十二月八日以前にアジア欧米植民地の解放が大日本帝国政府によって明言されていたら、大東亜戦争によるアジア解放は後づけや結果論ではなく、先づけ論であり開戦目的がアジア解放であったことを証明する。帝国政府声明こそ、その明確なる証拠である。

開戦の日に開戦目的を記述した政府声明が発表され、そこにアジアの解放が目的であると記されている以上、大東亜戦争の戦争目的はアジアにおける白人植民地の解放であったと断定せざるを得ない。

帝国政府声明の発掘により開戦目的はアジアにおける白人植民地の解放であったことが証明され、以下（34頁、35頁）に示すアジア解放グラフは開戦意図が具現化されたことを裏づけている。

帝国政府声明が歴史評価へ与える影響

次に帝国政府声明の発掘が歴史評価に与える影響について紹介する。

これも拙著『大東亜戦争の開戦目的は植民地解放だった―帝国政府声明の発掘』より引用する

結論から言うと、戦後歴史観を根底から転覆させることになる。

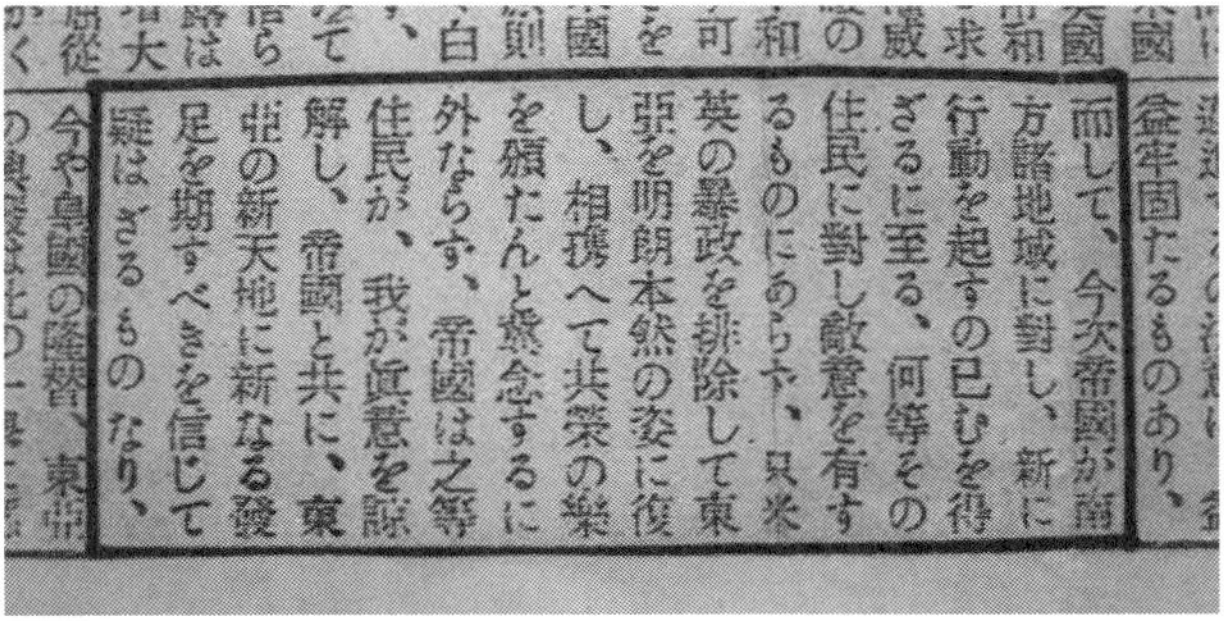

而して、今次帝國が南方諸地域に對し、新に行動を起すの已むを得ざるに至る、何等その住民に對し敵意を有するものにあらず、只米英の暴政を排除して東亞を明朗本然の姿に復し、相携へて共榮の樂を頒たんと冀念するに外ならず、帝國は之等住民が、我が眞意を諒解し、帝國と共に、東亞の新天地に新なる發足を期すべきを信じて疑はざるものなり、

資料３　アジア解放宣言

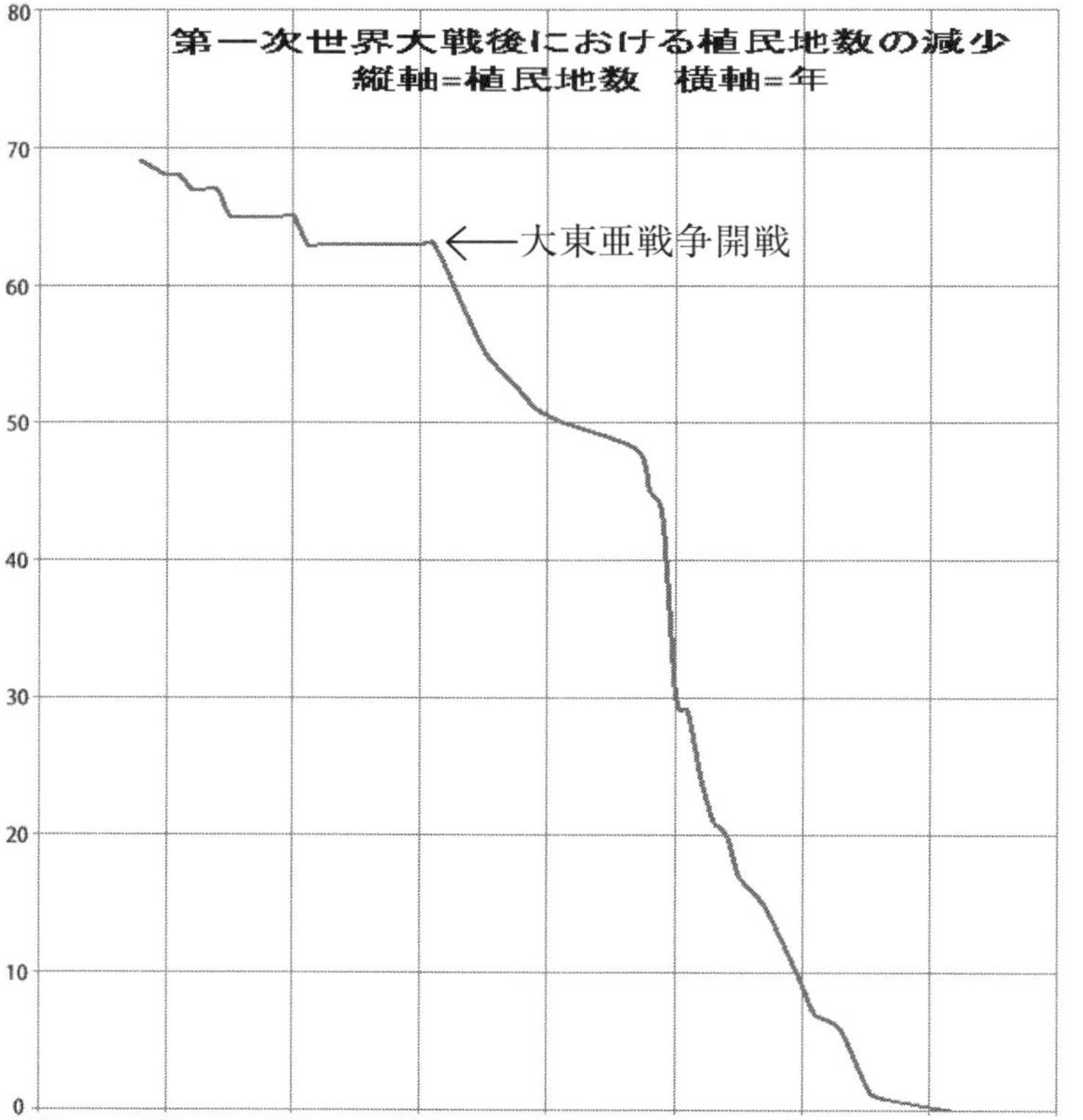

図１　第１次大戦後における欧米植民地数の減少

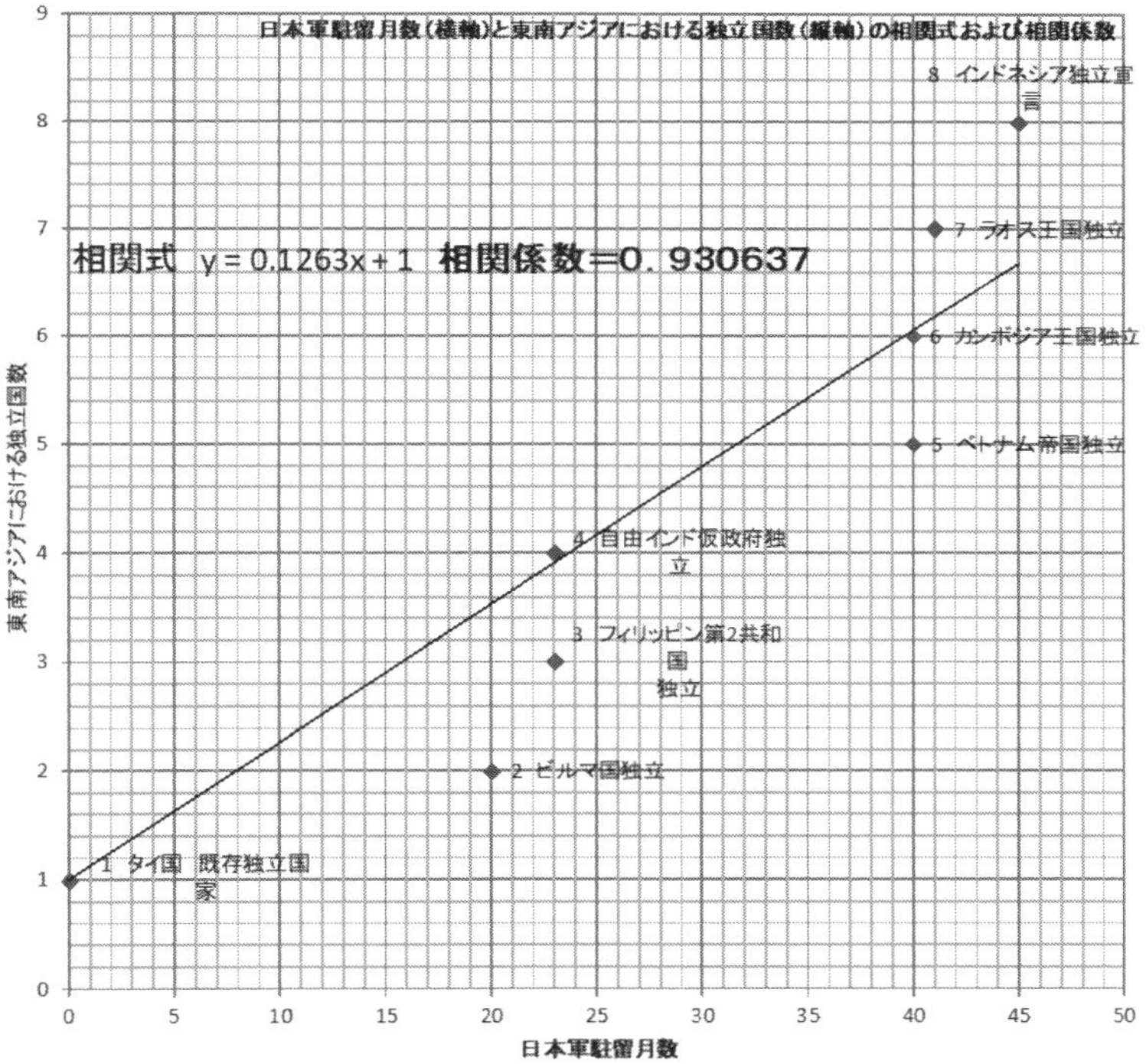

図２　日本軍駐留月数（横軸）と東南アジアにおける独立国数（縦軸）の相関式および相関係数

戦後、我が国を支配してきた歴史観とはＧＨＱと日本共産党が作りあげた「大日本帝国は資源欲しさにアジアを侵略したあげくにみじめに敗戦した」というものである。

著者はこの歴史観を侵略敗戦史観と名づけた。世間一般には自虐史観と呼ばれるが、より正確にいうなら、「大日本帝国とは資源略奪侵略を企んで、アジア各国へ散々迷惑をかけた後、敗北した無様な国家である」と規定する歴史観である。

日本共産党と白人国家は大日本帝国を悪とすることに於いて利害が一致する。

戦前において日本共産党はソ連共産党の犬、即ちコミンテルン大日本帝国支部として共産主義者による世界制覇と虐殺に貢献し、帝国政府転覆を謀っていたから、特高、憲兵に弾圧されたのである。暴力革命を主張し議会制民主主義を否定する日本共産党を弾圧することは正しい行為だったのである。繰り返しになるが著者は現在でも共産党は非合法化すべきと考えている。

一方、白人国家は数百年に亘ってアジア・アフリカ・南北アメリカの有色人種を隷属、虐殺、搾取してきた。

要するに日本共産党も白人国家も悪党に違いないのだが、彼らに立ち向かった大日本帝国を悪としなくては、自らの立場を取り繕うことは出来ないのである。

大東亜戦争を解りやすく例えれば次のようになる。

アジアの住民から警察署（大日本帝国）へ「強盗が入ったから、助けてくれ、もうすぐ警察署も襲うようだ」と通報があり、警官は住民を強盗から解放し、自らをも強盗から護るためアジアに乗り込み、強盗を蹴散らしたのだが、最後に強盗のだまし討ち（原爆投下）に遭い、逆に捕らえられてしまった。強盗は勝手に捕らえた警官を「こいつこそ、強盗だ」と言って自分たちがでっち上げた検察に身柄送検し、さらに自分たちででっち上げた裁判所（極東軍事裁判所）で審理し、有罪として処刑した。

極東軍事裁判（東京裁判）については後述するが、帝国政府声明の発掘は大日本帝国こそがアジアの善良なる警察官であったことを証明する。それ故、白人戦勝国は帝国政府声明を無き者とする必要があったのである。

帝国政府声明は我々に以下の歴史見直しを突きつけている。

・靖国神社に祀られる英霊たちはアジア解放・有色人種解放戦争で犠牲となった殉教者である。

・支那は自ら有色人種でありながら白人の手先となって日本によるアジア解放を妨害していた有色人種の裏切り者である。

・韓国はアジア解放戦争の共犯であるにも拘わらず、白人に侵略者のレッテルを貼られると自ら有色人であるにも拘わらず、白人側に寝返った裏切り者である。

・白人側に寝返った以上、有色人種に謝罪と反省を行うべきは支那と韓国である。

・国家神道のみが白人キリスト教勢力を打ち負かした世界最強宗教である。なぜなら仏教徒、イスラム教徒、ヒンズー教徒も白人キリスト教徒に支配されていたからである。日本人は国家神道を復権させなくてはいけない。

・現行憲法とは有色人種解放をもたらした大日本帝国憲法を壊滅させ、日本を悪役に仕立てる事により、植民地支配という白人の侵略犯罪行為を正当化するために押しつけた〝白人正当化憲法〟である。それ故、制定時に遡って無効としなくてはならない。

・東條英機首相ら所謂「A級戦犯」は有色人種解放の殉教者である。

著者は前記歴史観を既存保守論壇がいまだにしがみついている敗戦自虐史観に対して戦勝解放史観と命名する。

支那事変勃発をアジア解放への口実として利用した

日本共産党・日教組が大日本帝国悪者論を吹聴するとき必ず持ち出すのが日中戦争である。日中戦争こそは支那侵略戦争であり許しがたき蛮行であると糾弾する。

昭和十二年七月七日、北京郊外盧溝橋にて日中両軍が衝突し、それがそのまま第二次上海事変へ拡大した。以後、戦闘は熾烈を極め、日本側はその呼称を支那事変とした。その理由は互いに宣戦布告なしで戦闘に突入していったゆえ、戦争とは呼べないということであった。

支那事変こそは大日本帝国がその本性を明らかとした侵略戦争であると日本共産党は口汚く罵るのであった。

戦後間もなくこの世に生み出された著者らの世代は学校に入学するやいなや共産党員を兼ねる日教組教師が日中戦争における〝日本軍による蛮行〟なるものを繰り返し教え込み、自分が生まれ育った祖国が世界的にも稀に見るほどの悪徳国家であると洗脳されたものである。その洗脳された子供たちの一部はのちに全共闘運動に走り込み、自らの青春を無駄なものとしてしまったのである。

さて、私が主催する昭和史研究集団「札幌学派」の主要メンバーであり、資料発掘を得意とする八巻康成氏が新たな資料を国立国会図書館アジア歴史資料センター外務省外交資料館から発掘してきた。その資料には昭和十三年六月二十二日、極秘と但し書きされ、「戦争指導上速に確立徹底を要すべき根本方針」というタイトルが付されている。外務省極秘文書であるが二ページ目（文書番号２１０４２）に驚くべき字句が書かれていた。以下に紹介する。

「其一　戦争指導に関する根本方針

一、本事変の本質及目的

本事変は消極的には満洲事変の終末戦たると共に積極的には東亜解放の序幕戦たるの意

を有し皇国一貫の国是たる道義日本の確立と東洋文化の再建設との為歴史的一段階を劃《かく》すべきものなり」

前年の昭和十二年七月に勃発した支那事変について、亜細亜解放戦争開始の口実として使えると言ってのけているのである。以下に八巻氏とから著者へ送られてきたフェイスブックメッセージを引用する。

八巻康成氏より安濃へのFBメッセージ：

「(シナ事変中から外務省はアジア解放の設計図を描いていたのでしょうか？)

安濃博士、明けましておめでとうございます。年末年始の山場を越え、やっと一段落致しました。

新資料発見について述べさせていただきます。

今回発掘致しました資料ですが、国立国会図書館のアジア歴史センターデータベース内検索にて、「東亜＋解放」という変哲も無いキーワード検索を行ったところ呆気なく見つけたものです。

昭和16年12月8日のアジア解放を明記した帝国政府声明文から遡ること三年以上前の外務省の極秘文書です。この文献ではシナ事変中にもかかわらず、昭和13年6月の段階で東亜解放の意図が外務省内部で検討されております。

この資料により無責任な陰謀論ではなく、アジア解放思想が開戦数年前の『先付け』であることが白日の下に晒され、帝国政府声明文によって導かれる結論『戦勝国は日本』という事実を万人が具体的に理解できる端緒となる事を祈ります」。以上、引用終わり。

この文書は極めて重要である。従来、日中戦争は日本が侵略戦争として深入りしていったという左翼論と、保守側の論理としては中国の内戦に不本意ながらも引き込まれたという日本軍無能説、それがコミンテルンの陰謀だったというコミンテルン陰謀説が存在したが、この文書は左翼と保守の両論を完全に否定している。

この文書は第二次上海事変勃発を「亜細亜解放への口実とすべき」と言っているのである。これらの文書が外務省内で起案されたものなのか、他省で起案されたものが外務省に持ち込まれたかについては不明である。いずれにしても政府内で起案されたものであることは間違いない。

起案した省庁については現在調査中であるが、文書表には「二課」と記されており、これは参謀本部第一部（作戦担当）第二課をさし、三十部のコピーが作られ、そのうちの五号目が外務省に送られ保管されたと思われる。

この文書を書いた人物は相当な戦略家である。上海事変を逆手にとって、事変勃発を積極的に活用し、事変収拾の落としどころを、シナと日本の協力によるアジア全域の解放（東亜の欧米依存からの解放）を目指す合意の締結とすべきであると主張しているのである。

交渉結果はシナ側からは汪兆銘が日本側の説得に応じて南京に国民政府を開き、蔣介石はそのまま米英の支援を得て対日軍事作戦を継続することになった。

この交渉結果は必ずしも日本側を失望させるものではない。汪兆銘南京政権が日本の側についただけでも対中作戦継続の大義名分が立つわけであるし、蔣介石が日本軍と汪兆銘軍への抵抗を続ける限り、米英による蔣介石への軍事援助を阻止する軍事作戦の発動（援蔣ルート遮断）に大義名分を与えることができる。

援蔣ルートを潰すにはベトナム、ビルマ、インドを独立させる必要があり、それはそのまま東亜解放へとつながる。援蔣ルート遮断とは東亜解放戦争そのものとなるのである。

著者はこの極秘文書を「支那事変＝アジア解放戦争動機論」略して「支那事変＝アジア解放論」と名づける。共産党・日教組はまたしても「支那事変＝アジア解放論」など建前にすぎず、侵略への言い訳であると非難するであろう。しかしながら、史実は「支那事変＝アジア解放論」の通りに推移し、十二年後の昭和二十年前半までにほとんどの東南アジア地域は援蔣ルート遮断を目指す現地日本軍によって欧米植民地から独立していたのである。建前や言い訳なら現実化する必要などない。現実化された以上、「支那事変＝アジア解放論」は建前や言い訳ではなく、真に「大東亜戦争開始の動機」となっていたということである。

一部保守論壇が主張する「日本はコミンテルンの陰謀により日中戦争に引きずり込まれた」というのも間違いである。引きずり込まれたどころか、自ら全アジア解放実現のために日中戦争をわざと拡大させたのである。

十二月八日の開戦から二日後の昭和十六年十二月十日、大本営政府連絡会議は、この戦争を「支那事変をも含め大東亜戦争と呼称す」との決定を行い、さらに二日後の十二日、内閣情報局は戦争目的が「大東亜新秩序建設（欧米植民地の解放独立と大東亜共栄圏の確立）」にあるとの声明を発表した。

インド洋太平洋の全域を戦域とする英米蘭との戦いに支那大陸での戦いを包含せしめたのは、何もたまたま二つの戦争が同時進行していたから便宜上呼称を統一したということではない。

支那事変こそが対米英蘭戦争発動への導火線であり発火点であった。すなわち、支那事変＝援蔣ルート遮断＝アジアの解放という図式が成り立ったからである。

次頁に示す文書は資料写真十八葉のうち冒頭の二葉である。

極秘

参拾部ノ内　□號

戰爭指導上速ニ確立徹底ヲ要スヘキ根本方針

昭一三、六、二　第二課

本事變ニ對シ有終ノ結ヲ與フルハ今後中央ノ努力ニ在リ之カ爲ニハ戰爭指導ニ關スル機構ノ一元強化ト方針ノ確立徹底トヨリ急ナルハナシ

今ヤ情勢ノ推移並内外ノ事態ニ考ヘ戰爭指導上確定統一ヲ要スル根本方針ヲ列擧スレハ左ノ如シ

一、本事變ノ本質及目的

本事變ハ消極的ニハ滿洲事變ノ終末戰タルト共ニ積極的ニハ東亜解放ノ序幕戰タルノ意義ヲ有シ皇國一貫ノ國是タル道義日本ノ確立ト東洋文化ノ再建設トノ爲歴史的一段階ヲ劃スルニ在リ

而シテ國是ノ第一次目標タル道義日本ノ確立ハ今次事變ニ依リ北支ヲ日滿ト一環ノ國防圏ニ包含スルコトニ依リ概ネ之カ實践力具有ノ基礎ヲ概成スヘク又第二次目標タル東洋文化ノ再建設ニハ先ツ東

第四章

日本共産党＝日教組による歴史捏造の数々

共産党・日教組の歴史捏造

戦後、日本共産党・日教組は自分たちに都合の良いように歴史をつくり替えた。本章ではそれについて指摘し検証する。

共産党・日教組による歴史捏造を列挙すれば次の通りとなる。

1　旧ソ連の軍事力を針小棒大に評価し、あたかもソ連参戦によって終戦に追い込まれたかのごとき妄想を捏ち上げ、日教組がそれを子供たちに教えこんだ。

2　北海道どころか東北までソ連軍によって占領されたかも知れないという妄想を捏ち上げ、日教組がそれを子供たちに教えこんだ。

3　原爆投下は冷戦を見据えた米軍によるソ連への威嚇であったという妄想を捏ち上げ、日教組がそれを子供たちに教えこんだ。

4　旧日本軍は兵士に犠牲を強いるのみの弱小非道なる軍隊であったという妄想を捏ち上げ、日教組がそれを子供たちに教えこんだ。

5　神風特攻は非人道的戦法であり、軍上層部が強制的に兵士たちを死に追いやったという妄想を捏ち上げ、日教組がそれを子供たちに教えこんだ。

6　大日本帝国憲法下の立憲民主主義を軍国主義であったという妄想を捏ち上げ、日教組がそれを子供たちに教えこんだ。

7　終戦時の日本軍は竹槍でＢ29を撃墜せよと国民に命じた弱小軍隊であったという妄想を捏ち上げ、日教組がそれを子供たちに教えこんだ。

8　米軍による爆撃で日本全土が焼け野原となったという妄想を捏ち上げ、日教組がそれを子供たちに教えこんだ。

9　神風特攻に関して戦火の乏しい犬死にだったという妄想を捏ち上げ、日教組がそれを子供たちに教えこんだ。

〝ソ連参戦原因論〟はプロパガンダ

次にこれらの各項目について戦勝解放史観をもとに検証し、反論していく。

1　旧ソ連の軍事力を針小棒大に評価し、あたかもソ連参戦によって終戦に追い込まれたかのごとき妄想を捏ち上げ、日教組がそれを子供たちに教えこんだ。

著者は以前より「ソ連参戦が終戦を決断させた」という説は日本共産党がその親分であるソ連を強く見せるために捏ち上げた〝プロパガンダ〟であると主張してきた。

以下に安濃の著書『大東亜戦争の開戦目的は植民地解放だった　帝国政府声明の発掘』（展転社）139ページより引用する。

ソ連参戦が終戦の原因であり原爆投下が原因ではないとする輩が存在する。これも日本共産党がそのご主人であるソ連を強く見せるために捏ち上げた嘘である。終戦の詔書にもその他の政府の公文書にもソ連軍が参戦したから終戦とするなどという文言はどこにも見いだせない。実際、千島樺太の戦いでも、ソ満国境での戦いでも帝国陸軍は善戦した。敗北したから戦闘を止めたのではない。東京から停戦命令が来たから止めたのだ。また、たとえ千島樺太など失ったところで、米が獲れない領地は本来の大和民族の領土ではありえず、この地を失うのが敗戦の原因とは笑止である。

北千島の小島にすぎない占守島でさえ日本軍に全滅させられそうになったソ連軍が、精鋭旭川第七師団が守る北海道に上陸し占領できるなどという理論はどこから出てくるのか理解不能である。このソ連軍による北海道占領論も日本共産党がそのご主人であるソ連軍を強く見せるために捏ち上げた虚構である。海軍力など無きに等しい終戦時の旧ソ連に米軍並みの上陸作戦を敢行する力などあろうはずがない。世界最大最強の海軍力を有する米軍ですら諦めた日本本土上陸作戦を旧ソ連軍が容易に実現できるなどという妄想は日本共産党特有のものである。同様に米軍の核投下は戦後の冷戦勃発を見据えたソ連への威嚇であったという論理も日本共産党によるソ連を強く見せつけるための演出である。公開された米国の公文書のどこを探してもソ連への〝当てこすり〟のため原爆を投下したなどという記述は見いだせない。

前記に示したソ連参戦が陛下による終戦決断の主要因であるという説を本論では〝ソ連参戦決定論〟と呼称することとする。

著者の学究仲間である八巻康成氏は「大東亜戦争全史草案　第10編　第7章」（国会図書館アジア情報センター所蔵）のなかに前記ソ連参戦決定説を否定する文書を見いだした。資料4に示す文書は昭和三十一年に防衛研修所によって作成されたもので、リファレンスコードC13071343300「原子爆弾とソ連の参戦」に次のように記載されている。

8月8日午後東郷外相が陛下に敵側発表並びにこれに関連する事項を上奏したが、陛下よりこの種武器（原爆）が使用せらるる以上、戦争継続は悉く不可能となるにより、有利な条件を得んが為に戦争終結の時期を逸するは不可なり、条件を相談するも纏まらざるに非ざるが、成るべく速やかに戦争の終末を見るよう努力せよ」とのご沙汰があり、またその旨を鈴木首相にも伝えるよう命ぜられた。そこで鈴木総理はすぐさま最高戦争指導会議を開くことにしたが一部の会議員の都合がつかず会議は延期された。

ないことに落着き、八月八日の新聞は「廣島は新型爆弾により相当の 六
損害を受けた」旨の七日附大本営発表を掲載した。

一方、参謀本部は八月七日、才二部長有末精三中将を長とし、原子エネルギーの最高権威者仁科芳雄博士、航空本部及陸軍軍医学校の関係者数名より成る調査委員を廣島に派遣した。一行は途中航空事故の為遅れ、翌八日午後漸くにして廣島に到着したが、直に新型爆弾は原子爆弾に外ならないことを確認して東京に報告した。

天皇の即刻終戦意図　右調査委員の報告が東京に到着する以前に東郷外相は鈴木総理と相談の結果、ポツダム宣言の迅速な受諾方を陛下に奏上することに決めていた。

東郷外相は八日午後、宮中の地下室に於て拝謁、原子爆弾に関する

0233

敵側発表並に之に関連する事項を上奏したが、陛下よりこの種武器が使用せらるゝ以上戦争継続は愈々不可能となるにより、有利な条件を得んが為に戦争終結の時期を逸するは不可なり、条件を相談するも纏らざるに非るが成るべく速に戦争の終末を見る様努力せよとの御沙汰があり、又その旨を鈴木首相にも傳へる様命ぜられた。

仍て鈴木首相は直に最高戦争指導会議を開くことにしたが会議員の或者の都合が悪かつた為延期された。

三 ソ聯の参戦

驚くべき回答　一方、日本の指導者達は八月八日の真夜中（モスコー時間八日午後五時）に行はれる予定の佐藤大使とモロトフ外務人民委員との会見の結果を鶴首して待つていた。スターリンとモロトフ 七

0234

資料４「原子爆弾とソ連の参戦」

この文書を見る限り、昭和陛下が終戦を命じられたのは八月八日の午後としか記しておらず、正確な時刻は不明である。しかし宮内庁編纂による『昭和天皇実録』を見ると、東郷外相が宮中へ上奏に伺ったのは午後四時四十分と記してある。この時点でソ連はまだ対日参戦を布告しておらず、陛下は八月六日の広島への原爆投下のみを根拠に終戦を命じられたことは明らかである。

終戦の詔書にもソ連参戦の記述はない

ソ連政府が対日宣戦を伝えたのは陛下が終戦を指示してから約六時間後の八月八日午後十一時（日本時間）である。駐モスクワ日本大使である佐藤尚武がソ連

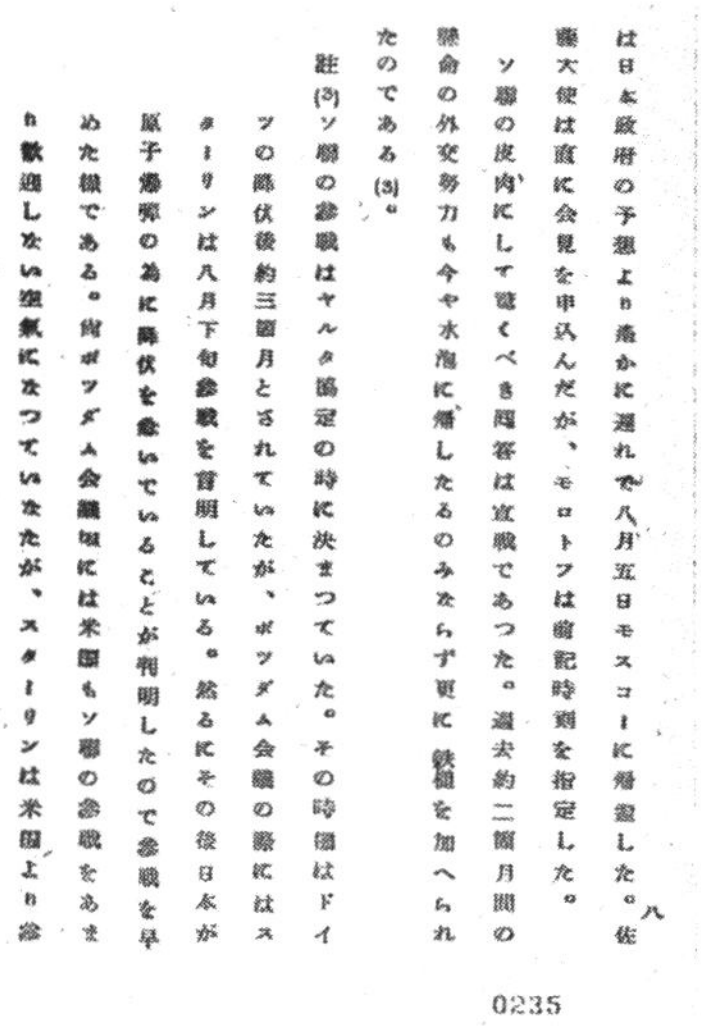
は日本政府の予想より遥かに遅れて八月五日モスコーに帰還した。佐藤大使は直に会見を申込んだが、モロトフは前記時刻を指定した。

ソ聯の皮肉にして驚くべき回答は宣戦であつた。過去約二箇月間の懸命の外交努力も今や水泡に帰したるのみならず更に鉄槌を加へられたのである(3)。

註(3)ソ聯の参戦はヤルタ協定の時に決まつていた。その時期はドイツの降伏後約三箇月とされていたが、ポツダム会議の際にはスターリンは八月下旬参戦を言明している。然るにその後日本が原子爆弾の為に降伏を急いでいることが判明したので参戦を早めた様である。尚ポツダム会議頃には米国もソ聯の参戦をあまり歓迎しない空気になつていたが、スターリンは米国より途

0235

外相モロトフに予てより依頼してあった和平仲介の状況を聞きに行ったその席で告げられた。会談後ただちに佐藤大使はモスクワ中央電信局から日本の外務本省に打電したのであるが、モスクワ中央電信局はその外交電報を受理した振りをしただけで、意図的に日本の電信局には送信しなかった。また日本政府が正式にマリク駐日ソ連大使より宣戦布告書を受領したのは八月十日午前十一時十五分（日本時間）である。

昭和陛下がソ連参戦を初めて知ったのは九日午前九時三十七分である。そのとき、陛下は梅津美治郎陸軍参謀総長よりソ連参戦の報告を受けた。また同日、長崎にも原爆が投下されたが、陛下はそれらの新たな動きに動じることなく、八日午後における終戦指示をそのまま堅持され、ポツダム宣言の受諾を命ぜられた。

以上の時系列分析から明らかとなるのは、昭和陛下がソ連の対日参戦前に終戦を決断されていたという事実であり、ソ連参戦など終戦判断には無関係であったという事実である。

また、この事実は終戦の詔書とも一致する。詔書には原爆を使用するような戦争（核戦争）

を継続するなら大和民族が滅びるだけでなく、人類文明まで破滅させるゆえ、ここで戦争を終結させなくてはならないと述べているが、ソ連のソの字も見いだすことはできない。もしもソ連参戦が終戦決断の主たる要因であったのなら、ソ連参戦に関する記述が原爆と同様に記されてもよいはずである。

日本共産党とそのお仲間の所謂〝進歩的文化人たち〟が主張するように「終戦はソ連参戦により決断された」ということが事実であるなら、八月八日の日本時間午後四時四十分以前に、ソ連参戦が陛下の耳に届けられていたことを証明しなくてはならないわけであるが、ソ連参戦はその六時間後であり、陛下がそれを知ったのはさらに約十時間後の翌九日午前九時三十七分である。それゆえ〝ソ連参戦決定論〟は完全に否定される。

〝ソ連参戦決定論〟は八月八日以前にソ連が参戦しており、その事実を昭和天皇が八月八日午後四時四十分以前に知っていたと設定しなくては成り立たない。日本共産党はソ連参戦を勝手に十六時間も早めて設定し、〝ソ連参戦決定論〟を捏ち上げたのである。

日本共産党は時間軸を勝手に切り貼りすることが得意である。その典型例が「彼の大戦において日本はアジア各国に迷惑をかけた」という論理である。この言説ほど左翼のデタラメさを言い表す文章はないであろう。なぜなら、「子供が生まれてから親が生まれた」と言う科学的にあり得ないことを言っているのと同じことだからである。

日本軍進攻前の東南アジア地域に各国など存在しなかった。存在したのは白人植民地ばかりであった。完全独立国家と言えるのは、大日本帝国、タイ国だけで、支那は半植民地、それ以外の地域はすべて完全に白人の植民地であった。

アジア各国が誕生したのは、大日本帝国がアジアへ進攻し、白人たちをアジアから追い出した後である。すなわち、大日本帝国陸海軍が進攻したからアジア各国が生まれたのであり、すでに生まれていた各国に日本軍が進攻したわけではない。日本軍進攻こそがアジア各国誕生の生みの親であるのに、親より先に子が生まれるはずなどあるわけがない。

左翼の常套手段は自分たちの歴史観を正当化するためには、タイムマシーンのように時代の前後を入れ替えることである。

日本共産党とそのお仲間の進歩的文化人が、ソビエト共産党の指示のもと捏ち上げた歴史事象とはそのように稚拙なものばかりなのである。科学的論理性を以て分析するなら、本論文で示したように容易に論破できるお粗末さである。

追記：米軍の核投下は戦後の冷戦勃発を見据えたソ連への威嚇であったという論理も日本共産党による捏ち上げであるが、この説の捏造はソ連を強く見せつけるためだけではなく、ソ連による核保有を米国のせいにするための演出でもある。

ソ連軍は北海道に上陸する能力がなかった

2　北海道どころか東北までソ連軍によって占領されたかも知れないという妄想を捏ち上げ、日教組がそれを子供たちに教えこんだ。

終戦当時のソ連太平洋艦隊の規模を調べれば、北海道への上陸作戦が可能であったのかどうかを知ることができる。結論から言えば、極東に海軍と言えるような艦隊は存在していなかった。ウラジオストクを拠点とするソ連太平洋艦隊の陣容は次の通りである。

1945年8月のソ連対日参戦の時点で巡洋艦2、嚮導駆逐艦1、駆逐艦10、哨戒艇19、潜水艦78、水雷敷設艇10、掃海艇52、駆潜艇49、水雷艇204。

巡洋艦も駆逐艦もみな旧式で整備されておらず、乗員の訓練もろくに行っていなかった。乗員は陸に上がって朝からウオッカを飲んでいたと言っても過言ではなかった。帝国海軍の敵ではなかったということである。実際ソ連は8月15日以降に始まった千島攻略戦で自国海軍のあまりのお粗末ぶりから米海軍に援助を求めた。その作戦をプロジェクト・フラという。（ウィキペディアより）

プロジェクト・フラ（英語：Project Hula）は、太平洋戦争末期、ソ連対日参戦に備えてアメリカ合衆国（米国）とソビエト連邦（ソ連）とが合同で実施した極秘軍事作戦である。

１９４５年5月から9月にわたって、米国はソ連に対し掃海艇55隻・上陸用舟艇30隻・護衛艦（タコマ級フリゲート）28隻など計１４５隻の艦船を無償貸与。この時期、アラスカ準州コールドベイのアメリカ軍（米軍）基地に米軍スタッフ約１５００人が常駐、ソ連兵約１２０００人が集められ艦船やレーダーなどの習熟訓練が施された。

１９４３年に建造されたアレンタウン（哨戒フリゲート）の場合、１９４５年4月7日この作戦に投入されることになり、6月7日コールドベイに向かった。7月12日レンドリース法によりソ連海軍に引き渡され、ЭK―9（エーカー・ジェーヴィチ）と命名された。貸与された艦船は樺太南部や千島列島への侵攻で使用された。（ウィキペディアより）

もしもソ連が日本共産党・日教組が主張するように北海道への上陸作戦を敢行できるほどの海軍力を持っていたなら、米軍に援助を求める必要などなかったはずである。米海軍に頼らなくては艦艇の確保どころか、水兵の訓練すら行えなかったのが当時のソ連海軍の実態であった。

フラ作戦で米海軍から十分な艦艇と上陸訓練を受けたはずのソ連海軍ではあったが、実際に占守島上陸作戦では不手際を連発していた。欲張って上陸用舟艇に機材を積み過ぎて海岸にたどり着く前に着底座礁し、やむなく重装備の兵士を泳がせて上陸させるという無茶にでた。その結果、多くの兵士が岸にたどり着く前に溺死した。

占守島でのソ連軍戦死者三千名のうち半数が溺死であったと言われている。占守島守備隊の日本兵はその様子を見ていて、ソ連軍の上陸作戦は米軍のそれに較べると「児戯《じぎ》に等しかった」と揶揄《やゆ》している。

日本共産党・日教組にお聞きしたい。このような海軍でどうやって北海道どころか、新潟から仙台を結ぶラインの北側を占領するのであろうか。

米国は南樺太・千島以外は断固としてソ連軍の占領を拒否するとモスクワに通告していた。それゆえ、ソ連は世界最大最強でありながら、それでも日本本土上陸作戦の実行を諦めた米海軍と衝突しない限り、東北どころか北海道への上陸すら叶わなかったということになる。

終戦時のソ連太平洋艦隊など昭和二十年八月十五日の段階でも、命令さえあれば、残存していた帝国海軍の水雷戦隊一個かそこらで撃滅できたであろう。

占守島で日本軍に全滅させられそうになったソ連軍が、精鋭旭川第七師団が守る北海道に上陸できるっていう論理はどこから出てくるのか理解不能である。北海道占領論も日本共産党がそのご主人であるソ連軍を強く見せるため捏造したものである。

原爆投下とソ連は無関係

3　原爆投下は冷戦を見据えた米軍によるソ連への威嚇であったという妄想を捏ち上げ、日教組がそれを子供たちに教えこんだ。

この捏造ついて反論することはあまりに簡単である。

公開された米国の公文書のどこを探してもソ連への〝当てこすり〟のため原爆を投下したなどという記述は見いだせない。証拠文献が存在しないのである。証拠文献など存在しないのに、歴史事象を捏ち上げるのが共産党・日教組歴史観の特徴である。

ソ連への当てこすりであったなら、日ソ国境地帯であった、千島北部や樺太の豊原市（人口三万七千）にでも原爆を投下した方がよほど効果的であったであろう。アリューシャン列島のアッツ島・キスカ島に布陣する日本軍を空襲していたアムチトカ島の米軍飛行場を拡大整備してからB29爆撃機を飛ばせば千島樺太の全域が射程内に入る。

終戦の詔書には原爆を使用するような戦争（核戦争）を継続するなら大和民族が滅びるだけでなく、人類文明まで破滅させるゆえ、ここで戦争を終結させなくてはならないと述べているが、もしもソ連参戦が終戦決断の主たる要因であったのならソ連参戦に関する記述が原爆と同様に記されてもよいはずである。しかし、そこにはソ連のソの字も見いだすことはできない。

米軍の核投下は戦後の冷戦勃発を見据えたソ連への威嚇であったという論理も日本共産党

による捏ち上げであるが、前述した通り、この説の捏造はソ連を強く見せつけるためだけではなく、ソ連による核保有を米国のせいにするための演出である。

督戦隊を常備するソ連軍

4　旧日本軍は兵士に犠牲を強いるのみの弱小非道なる軍隊であったという妄想を捏ち上げ、日教組がそれを子供たちに教えこんだ。

共産・日教組が旧日本軍を残忍かつ狡猾なる軍隊であったと規定したがるわけは、戦前において共産党が憲兵隊に追われる悪党であったゆえ、日本軍を悪党にしないと自分たちがヒーローになれないという宿痾《しゅくあ》を背負っているからであることは前述した通りである。

戦闘に置いて軍隊がその規律を守るために軍律厳しくすることは当然のことである。それは連合国軍においても枢軸側においても同じである。

軍隊における究極の残虐性とは〝督戦隊〟の存在である。〝督戦隊〟とは戦闘中に敵前逃亡したり、無断で後退したりする兵士を射殺することを任務とする。

以下ウィキペディアより引用する。

参考：督戦隊（ウィキペディアより）

督戦隊（とくせんたい）とは、軍隊において、自軍部隊を後方より監視し、自軍兵士が命令無しに勝手に戦闘から退却（敵前逃亡）或いは降伏する様な行動を採れば攻撃を加え、強制的に戦闘を続行させる任務を持った部隊のことである。兵士の士気を上げる為の手段であり、司令官が「死守」を命じると兵士は文字通り死ぬまで戦うことになる。

主要各国でも、督戦に充った部隊は散見される。但し、督戦だけを主任務とする特別編成部隊などは一般的に存在しない。現実的にそのような部隊を常に編成して持つことは非効率であり、機動性も悪く反感を買う。あくまで、命令によって臨時的に督戦任務に充てられるものである。

ドイツでは第二次世界大戦末期のナチスの武装親衛隊や国家社会主義指導将校（ドイツ語版）（独軍が労農赤軍（赤軍）のコミッサール（政治将校）をまねて導入したと言われる）が投降しようとする兵や民間人に対し戦闘継続を強要した例などがある。

ソ連赤軍関連でいえば、いわゆるＮＫＶＤ部隊やスメルシ等が良く引き合いに出されるが、これらは原則として軍とは指揮命令系統が異なる。戦闘時に軍の師団や連隊に編入され直接的に督戦にあたるわけではない。例としては、１９４２―43年のスターリングラード攻防戦の際に渡河の要所をＮＫＶＤが管理していた。このような場合は逃亡兵や不審者の逮捕・拘束、場合によっては射殺も行った。その任務は非常に幅広いものだった対独戦初期の戦闘時の督戦の任を受ける部隊は、連隊長クラスの判断で隷下の一部部隊を臨時的に督戦任務に充てている場合が一般的であった。ただし、スターリングラード攻防戦時には、国防人民委員ヨシフ・スターリン自身の命令（ソ連国防人民委員令第227号）により、軍レベルで各200人から成る督戦隊が3―5個編成された。

第二次世界大戦時、主に独ソ戦のソ連労農赤軍に於けるものや、中国軍におけるものが有名である。1937年の南京攻略戦の際にも敗退して潰走する国民党軍将兵を、挹江門（ゆうこうもん）において督戦隊が射殺した挹江門事件でもその存在が知られている。

共産党・日教組は大東亜戦争において兵士を無駄に餓死病死させたとして旧日本軍を糾弾する。しかし、前記したような督戦隊を持っていなかったという事実自体、少なくとも督戦隊によって自軍兵士を虐殺していた独ソ支軍よりは遙かに人道的であり、まともな軍律を持った組織であった。

共産党・日教組歴史観の根本的欠陥は共産主義の総本山であるソビエト連邦の残虐性・違法性については口を噤み、目を瞑ることである。

共産党・日教組はソ連軍が欧州、満洲・朝鮮半島において行った虐殺、強姦、略奪を糾弾したことなど一度もない。共産党はポツダム宣言に違反するシベリア抑留ですらソ連共産党の責任を追求することはしない。それどころかシベリア抑留の責任は日本政府にあるなどと言う次第である。

手に棒きれ、股引を穿いたソ連兵

これは著者が高校生のころ、樺太戦で生き残ってシベリア抑留ののち帰国した教師から聞いた話である。

ソ連軍はシベリアの強制収容所に収容していた政治犯（その多くは反共産主義活動家、宗教家、文化人、反ボルシェビキの濡れ衣を着せられた一般人）を前線で弾よけに利用していたという。国境を越えて何かを叫びながら男女のロシア人が突進してきたそうだ。手には棒きれしか持たず、股引を穿いて靴も履かずに素足で越境してきたそうだ。それを見た日本軍は一体何が起きているのか理解できなかったそうである。民間人を射殺することは日本軍では固く禁じられていたから、あっけにとられて傍観していると、股引軍団の後ろから軍服を着たソ連正規部隊が続いてくるのを視認して初めてその絡繰りと状況を理解できたという。それでも非武装の民間人を射殺することは国際法で禁じられていること、また弾薬の節約から、後続のソ連正規軍が射程内に入ってから射撃を開始したそうである。股引を穿いた民間人など日本側は弾がもったいないから狙ってなどいないのに、なぜかバタバタ斃れていったそうだ。背後からソ連軍の督戦隊が射殺していたのだ。日本軍が股引を穿いたロシア人に発砲しないものだから、弾薬を消耗させる役には立たないものと見込み、日本側の手に渡る前に殺したというわけだ。かろうじてこちらの陣地にたどり着いたロシア人もいて、彼らは口々に保護を求め、日本へ連れ帰ってくれと懇願していたというのである。戦闘は東京から停戦命令が届くまで続き、決して負けてなどいなかったとその教師は語っていた。

ソ連軍はたとえ正規兵であっても素手で突撃させることがあった。これらの兵はドイツ軍の弾薬を消耗させるためのダミー兵だった。ロシア平原で補給線が伸びきったドイツ軍はパルチザンによる補給線の寸断などで弾薬の補充に難儀していた。そこでソ連軍は無駄弾を浪費させるために若者たちをドイツ軍の銃座に向けて突撃させた。怖じけて逃げ帰る兵士は督戦隊が機関銃で射殺した。

突撃用の若者たちは徴集されてわずか数日しかたってない者もいた。突撃して弾に当たって死ぬだけでよいから、訓練など必要ない。走ることができればそれでよいのだ。まともに訓練すれば食費もかかるし、訓練用の弾薬燃料も消費する。どうせ死ぬのだから、費用を節約すべきなのである。これに較べれば、日本軍のバンザイ突撃の方がまだましである。武器を持たずに手ぶらの突撃兵など一人もいなかったからである。

旧ソ連軍の自国兵に対する残虐性、非人道性には旧日本軍も脱帽せざるを得ない。なのに日本共産党・日教組諸君はソ連軍の非道を糾弾しようとはしない。なぜだろうか。答えは簡単である。宮本顕治も野坂参三も徳田球一も歴代の共産党書記長のお給金、すなわち生活費はソビエト共産党が支給していたからである。ソ連に意見するということは、生活費が途絶えることを意味するのである。日本共産党はソ連共産党からドッグフードを支給される犬だったのである。日教組もしかりである。

参考：ソビエト連邦による戦争犯罪（ウィキペディアより）

ソ連はロシア帝国が批准したハーグ陸戦条約の継承を認めず、１９５５年まで批准しなかった。このことはソ連軍による戦争犯罪行為が合理化され得る状況を作り出していた。このソビエト連邦によるハーグ条約調印の拒否は、ナチス・ドイツによるソビエト将兵の非人道的な処遇に正当性を与えることにもなった。

ソビエト赤軍とポグロム（ロシア語で殺戮・略奪・差別を意味し、特にユダヤ人に対する虐殺を指す）

初期のソ連指導者により反ユダヤ主義は軽蔑され、ソ連当局は偏狭な反ユダヤ主義の牽制に多くの労力を傾注したが、１９１９年から１９２０年のポーランド・ソ連戦争とロシア内戦の間に虐殺が行われ、バラーナヴィチではこれが顕著であった。しかし、虐殺の大部分は反共主義の民族主義部隊らによって行われており、赤軍によるものとされる虐殺行為は少数であった。虐殺行為はソビエト赤軍最高司令部により厳しく非難され、罪を犯した部隊は武装解除され、集団虐殺を行った者は犯罪者とされた。

ソビエト赤軍とＮＫＶＤ

赤軍は、政治的抑圧を実施していた内務人民委員部（ＮＫＶＤ）の支援を頻繁に行った。ＮＫＶＤの主たる機能はソ連各州の安全を保護することであり、これは「階級の敵」に対する大規模な政治的抑圧によって達成されていた。ソビエト連邦の歴史を通じ、ＮＫＶＤ軍は、治安部隊とグラグ（強制収容所）の看守として、交戦期間中の戦争犯罪と同様に政治的抑圧においても役割を果たしていた。特に彼らはグラグの統制維持に責任を有し、ソビエト連邦が政策に敵対的で敵と協力する可能性があると見なした複数の民族集団の集団追放と強制移住を行った（チェチェン人、クリミア・タタール人、朝鮮民族〈高麗人〉等）。

第二次世界大戦中、ＮＫＶＤによるヨーロッパ東部、主にポーランド、バルト諸国、ルーマニア、ウクライナなどにおける囚人の大量処刑が行われている。これは１９４１年、ドイツ軍がバルバロッサ作戦を発動してソ連領内に侵入後、赤軍が撤退する際に行ったものである。犠牲者は全体で約１００、０００名と推測されている。ソ連軍による戦争犯罪の指摘は多く、とりわけ戦争初期および戦闘中に漸次捕虜となったドイツ空軍パイロットを対象としたものが指摘されることが多い。これはドイツ空軍の無差別爆撃によって民間人の大規模な犠牲が生じていたという要因がある。ＮＫＶＤ治安部隊はソビエト赤軍部隊とともに戦闘に参加し、督戦隊を含めて後方地域保全に用いられた。ソビエト赤軍に解放、もしくは占領された地域においてＮＫＶＤは大量の検挙、追放、および処刑を行った。対象者は対独協力者や非共産主義レジスタンスであり、ウクライナにおけるＵＰＡ、リトアニアの「森の兄弟」、ポーランド国内軍などであった。またＮＫＶＤは１９３９年から１９４１年の間、ポーランド軍将校捕虜の即座処刑を行っている（カティンの森事件）。

ドイツ軍をソ連領域から排斥した後の１９４４年後半、ソビエト赤軍はドイツ、ルーマニア、ハンガリーに侵入した。ソビエト赤軍将兵はナチス・ドイツの戦争犯罪を認識していたため、報復として降伏もしくは拘束されたドイツ将兵の処刑を頻繁に行った。略奪、民間人の殺害、強姦といったソビエト赤軍による戦争犯罪について多数の報告が存在しているが、「大祖国戦争」についてのソ連、ロシアの歴史書でこれらの戦争犯罪が言及されることは稀である。

数千名のポーランド将校・警察官・知識人および市民の捕虜が殺害されたカチンの森の集団埋葬地のひとつ

１９３９年から１９４１年の間のソ連占領地域（ルーマニアのベッサラビア、バルト諸国、およびウクライナ西部）での民間人および捕虜に対する戦争犯罪、そして１９４４年から１９４５年の間の戦争犯罪は、それ以来、これらの地域において忘れられることはなかった。ソ連崩壊以後にはこれらの出来事に関してより体系的かつ地域主導の議論が行われており、これはソ連が1945年8月に日ソ中立条約の継続を拒否した後に占領した満州、千島列島についても同様である。

バルト諸国

1940年8月6日、エストニアはソ連に正式に併合され、エストニア・ソビエト社会主義共和国と名称が変更された。1941年、エストニア人約34、000名がソビエト赤軍により強制的に徴集されたが、その内戦争を生きのびたのは30％以下であった。ドイツ軍が侵入している間に避難することができなかった政治犯はNKVDにより処刑された。当時のエストニア人口の三分の一近くにあたる300、000名以上の市民が逮捕、殺人、追放その他の弾圧を受けた。ソ連による統治の結果、エストニアは抑圧行為や移住、戦争により少なくとも200、000名、すなわちその人口の20％を失うこととなった。

ソ連による様々な抑圧行為はエストニア人たちにソ連当局に対するゲリラ戦を決起させ、これは自警団（Omakaitse）の構成員、フィンランド軍、ドイツ軍に参加していたエストニア人義勇兵経験者などで構成された「森の兄弟」により1950年代後半まで続けられた。戦争のよる人的・経済的損失に加え、1950年代後半までに市民数千名が命を失い、数百名の政治犯および数万の人々が追放された。

ラトビア

１９３９年、ラトビアはソ連、ナチス・ドイツ間で結ばれた独ソ不可侵条約の犠牲となり、１９４０年8月5日、正式にソ連により併合された。そして残忍な傀儡政権としてラトビア・ソビエト社会主義共和国が成立、大規模な恐怖政治が行われ、市民の自由剥奪、経済システムやラトビア文化の破壊がもたらされた。全体で２００、０００名を越える人々がソ連によるラトビア抑圧で苦しむこととなり、その内60％程度はシベリアおよび極東のグラグに送られ、２６０、０００名以上のラトビア人が国から逃れることを強いられた。

リトアニア

リトアニアは他のバルト諸国と同様、独ソ不可侵条約の犠牲となり、１９４０年6月15日、ソ連に併合された。ソ連による併合は大規模な恐怖政治に帰着し、市民の自由剥奪、経済システムやリトアニア文化の破壊をもたらした。１９４０年から１９４１年の間にリトアニア人数千名が逮捕され、何百人もの政治犯が任意に処刑された。6月には１７、０００名以上がシベリアに追放された。その後、リトアニアはドイツ軍の侵攻によりドイツの占領下となったが、１９４４年、ソビエト赤軍によって再占領された。リトアニアにおける武力抵抗を制圧する間、ソ連当局は何千もの抵抗者および彼らを支援したとされた民間人を処刑した。約３００、０００名のリトアニア人が追放、もしくは政治犯として強制収容所へ送致された。ソ連統治の結果、リトアニアは７８０、０００名近い市民を失ったと推測され、その内およそ４４０、０００名は戦争難民であった。またリトアニアの独立回復時の１９９０年、ソ連軍はヴィリニュスでデモ参加者13名を殺害した。

ポーランド
１９３９年―41年

１９３９年９月、ソビエト赤軍は独ソ不可侵条約の秘密条項に基づき、ポーランド東部へ侵入、これを占領した。同様に、ソ連はバルト諸国および、ルーマニアのブコビナ北部およびベッサラビアを含む地域を占領した。

数千名のポーランド将校・警察官・知識人および市民の捕虜が殺害されたカチンの森の集団埋葬地のひとつ

これらの全ての地域においてソ連は住民に厳しく対応する方針をとり、強い民族浄化傾向を示していた。ＮＫＶＤの任務部隊は占領地域から「ソビエト連邦に敵対的な要素」

を取り除くために赤軍に同行しており、ポーランドの歴史家Tomasz Strzembosz はこれらの行為のナチス・ドイツのアインザッツグルッペンとの共通性を指摘している。多くの人々はＮＫＶＤから逃亡を図ったが、失敗した人々は拘留の後シベリアへ追放され、グラグに消える運命にあった。

ソ連に占領された旧ポーランド東部において、１９３９年から41年の間に、約１５０万名の住民が追放され、その63・１％がポーランド人およびその他の国籍を有する者、７・４％がユダヤ人であったが、これらのうちで戦争を生き延びることができたのは僅かである。アメリカの大学教授、キャロル・キグリーによれば、１９３９年にソビエト赤軍の捕虜となったポーランド将兵３２０、０００名の内、少なくとも三分の一が殺害された。

１９４４年—45年

ポーランドにおけるナチスの極悪な統治は１９４４年後半、ソビエト赤軍の進撃により終了したが、新たにソ連による抑圧と交代しただけであった。ソビエト赤軍将兵はしばしば略奪や強姦などでポーランド人を襲ったため、住民たちはソ連体制を恐れ、憎んだ。

ワルシャワ蜂起中における赤軍の役割については議論が続いている。ポーランド国内軍の将兵は虐げられ、拘留されたが、多くの場合形式的な裁判の後に処刑された。アウシュビッツ強制収容所での抵抗を組織したヴィトルト・ピレツキ（Witold Pilecki）がその一例である。

ソビエト赤軍部隊はポーランドパルチザンと民間人の行動に対抗する活動を行った。1945年8月におけるアウグストゥフでの追跡により、2，000名以上のポーランド人が拘留され、彼らのうち約600名が殺害された。

ポーランド側の資料は、ポーランドの都市でのソビエト赤軍による大規模な強姦行為が示されている。クラクフではソビエト赤軍進入の後、ソビエト将兵らは私有財産の略奪を行い、ポーランド人女性や少女に対して大規模な強姦行為を行った。資料によればこの行為はあまりに大規模なものだったため、ソ連によって任命されたポーランドの共産主義者でさえヨシフ・スターリンへ抗議の手紙を送る事態となり、教会ではソビエト赤軍撤退を切望するミサが行われた。

フィンランド

1941年から1944年にかけて、フィンランド・ソ連間で継続戦争が行われた。戦争の間、ソ連パルチザンはフィンランド領土へ侵入し村落などの民間目標を攻撃した。2006年11月、フィンランド当局は残虐行為を撮影した写真の機密扱いを解いたが、これらには女性、子供が殺害された写真も含まれている。

ソビエト連邦

１９４１年、ソビエト赤軍の撤退

１９４１年、枢軸軍がソ連領土に侵入したことによりソビエト赤軍は撤退したが、この時、追放・処刑・虐待・人質として拘束・村への放火が発生した。バルト諸国、ベラルーシ、ウクライナ、ベッサラビアにおいてＮＫＶＤとソビエト赤軍に付属した部隊は、進撃しつつある枢軸軍から逃亡する前に囚人や政治的対立者を大量虐殺した。

1942年、フィンランド、ラップラントで殺害されたフィンランドの子供

１９４３年—45年

戦いの分岐点となったスターリングラード攻防戦の後、ソビエト赤軍は東部戦線で失われていた領土を取り戻しつつあった。このため、ドイツへの協力への報復行為が発生した。フランスでは同じような状況について十分な資料があり議論や学術的な検討の対象となっているが、ソ連ではこの分野について真相がほとんど知られておらず、議論もされていない。

１９４６年—47年

何千ものロシア人、コサックおよび他の国籍者、他民族がイギリス軍、アメリカ軍の捕虜となった後に本国へ送還され、NKVDにより拘留あるいは処刑された。彼らの大部分は枢軸軍と共に戦った人々であったが、その一部にはコサックのようにソ連国民ではなかった者や女性、子供らが含まれていたという証拠も存在する。これらの人々はソ連当局によりナチスへ協力した裏切り者とみなされ、イギリス軍、アメリカ軍から引き渡されると即座に銃殺された。

ドイツ
1944年—45年

歴史家ノーマン・ナイマークによれば、ソビエト赤軍部隊における新聞の論調とソビエト赤軍最高司令部の命令には、ソビエト赤軍の過剰な行為について共同責任が存在した。このプロパガンダはソビエト赤軍が全ドイツ人を罰する復讐者としてドイツへ進撃したと宣言していた。ソ連の作家、イリヤ・エレンブルクが1945年1月31日に書いた手紙には以下のことが書かれている。

「ドイツ人はオポーレ、ケーニヒスベルク、ブレスラウで処罰された。彼らは罰されたが、まだ十分ではない。一部の者に罰が下っただけで、まだ全員ではないのだ」。

ナチス・ドイツの側では、ソビエト赤軍の進撃を前に、民間人の組織的避難が行われたものの遅々たるものだった。これは祖国防衛の任に就く部隊の士気を維持するためでもあった。しかし、ドイツ民間人には東部戦線で戦闘に参加した友人や親類らの話から、ソビエト赤軍が非戦闘員を攻撃することはよく知れわたっていた。ナチのプロパガンダはネマースドルフの大虐殺（英語版）といった凄惨な事件を報じ、ソビエト赤軍の残虐さを宣伝することで、市民の抵抗意志の強化を意図していたが、実際には市民にパニックを引き起こし、逆効果となった。民間人たちはナチス当局が去ると同時に、可能と見れば先を争って西へ逃亡した。１９４５年3月には、ニュース映画『ドイツ週間ニュース』（最終号）では、女性避難民がインタビュー形式で赤軍将兵の強姦を「bestialisch（＝けだもの）」と非難しつつ語る中、犠牲者の遺体までもが映し出されている。

進撃するソビエト赤軍の到着前に逃亡した東プロイセン、シュレージエン、ポンメルンのドイツ人の多くは、避難の途中で、寒さや飢えあるいは戦闘に巻き込まれ死亡した。犠牲者の大部分は避難民の集団がソビエト赤軍に遭遇した時に発生した。民間人は戦車による轢殺、射殺その他の手段で殺害され、また女性や少女は強姦され、遺棄された。これに加え、ソビエト空軍の戦闘爆撃機が最前線後方へ深く侵入して避難者の列を襲撃した。

ソビエト赤軍による、ドイツ東部占領の間の地元ドイツ人らに対する暴力行為は、１９４５年春に占領された小都市デミーン（英語版）でのような事件をしばしば起こした。デミーンでは降伏したにも関わらず、９００名近い民間人が略奪、強姦、処刑の事例を知って自殺をした。

ソビエト赤軍による民間人の大量処刑が公式報告されることは稀であったが、トロイエンブリーツェン（英語版）で発生した事例は知られている。このトロイエンブリーツェンの虐殺では1945年5月1日、少なくとも88名の男性が集められて射殺された。事件はソビエト赤軍による祝勝会において多数の少女が強姦された後、何者かによってソビエト赤軍大佐が撃たれた後に発生した。

1989年、ドイツ政府によって発表された調査報告ではヨーロッパ東部でのドイツ民間人の犠牲者を635、000名と推測した。ソビエト連邦による戦争犯罪の結果によるものが270、000名、終戦後のドイツ人追放の間に各国で死亡したものが160、000名、ソ連における強制労働で死亡したものが205、000名である。これにはベルリンの戦いで死亡した民間人少なくとも125、000名は含まれていない。

1945年、ソビエト赤軍によってベルリンが占領されると、最大規模の強姦事件が発生した。伝えられる話では女性、果てや8歳の少女までもが強姦され、犠牲者総数は数万から200万と推測されている。1945年夏以降、民間人の強姦を咎められたソビエト将兵は処罰され、逮捕や処刑が行われた。しかし1947年から1948年にかけての冬まで強姦は続き、ソ連当局はついにソビエト赤軍部隊を厳しく警備された部署やキャンプに限定して配備し、ドイツ人居住区から完全に隔離した。

結果

ノーマン・ナイマークは、著書『ドイツにおけるロシア人について――ソ連による占領地区の歴史　１９４５年―１９４９年』The Russians in Gernamy: A History of the Soviet Zone of Occupation, 1945-1949 で、こうした事象は犠牲者に一生残る精神的外傷を負わせたのみならず、東ドイツの広範囲に集団的な精神外傷を与えることとなったと述べ、「ソビエト占領区域の男女の社会心理には占領の最初の日から１９４９年秋のドイツ民主共和国創設まで強姦という犯罪が深く刻まれており、これは現在まで続いているとさえいえるだろう」と記述している。

ハンガリー

１９４４年―45年

ブダペスト占領の間、５０、０００名の女性、および少女が強姦されたと推測されている。ハンガリーの少女の大半はソビエト赤軍の宿舎に連行されて投獄、強姦され、時には殺害された。ソビエト将兵がドイツ国内のスウェーデン大使館を攻撃したように、これらの残虐行為は中立国の大使館員にさえ及んだ。

ハンガリー動乱

ハンガリー動乱に関する国際連盟の特別委員会報告（1957年）は以下のように報告している。

ソビエト軍戦車は攻撃を受けていると判断、あらゆる建物に無差別に砲撃を行った。委員会は反撃がなかったにも関わらず、「無防備な通行人を偶然、狙撃した」ことにブダの居住地域に迫撃砲、および火砲の砲撃が行われたという多数報告書を受け取った。多くの目撃者によれば、ソ連軍は店の外で行列を作っている人々に発砲、犠牲者の大部分が女性で子供たちであるとされている。

ユーゴスラビア

1944年、ソビエト赤軍がユーゴスラビアの極小さな地域を通過したが、この時、ユーゴスラビア・パルチザンはソビエト赤軍が強姦や略奪を行うことによりパルチザンへの支持が弱まることを大きく懸念していた。強姦事件の内、少なくとも121件が後に文書化、その中の111件が殺人を含んでいた。また、1、204件の略奪が文書化されている。ユーゴスラビア・パルチザンの指導者が赤軍の振る舞いへの強い不満を表明したことに対し、スターリンは「血と火と死の中を潜り抜けて数千 Km を進んだ兵士らが女性と楽しんだり、若干のつまらんものを奪いたくなるのがヤツには理解できていない」と応じている。

スロバキア

スロバキア共産党指導者ヴラジミール・クレメンティスはスロバキアにおけるソビエト赤軍の振る舞いについてイワン・コーネフ元帥に不平を言った。コーネフはこれらは赤軍の逃亡兵が中心になって行っていると主張した。

満州

赤軍によって焼き払われたニコラエフスク（尼港事件）

１９２０年の尼港事件の際には赤軍によってニコラエフスクの住民の半数近くが殺戮され、その過程で日本人７００余名も虐殺された。第二次世界大戦では、ソビエト赤軍によって多くの日本人避難民が虐殺された。１９４５年には婦女子１０００名以上を２時間余りの間に虐殺した葛根廟事件が起きた。ソビエト赤軍兵士によって犯されたいくつかの強姦事件が記録されている（通化事件、敦化事件など）。

樺太

１９４５年8月、真岡郵便電信局事件。同月22日には避難民を乗せた引き揚げ船を雷撃し、1700名以上が殺害された（三船殉難事件）。

多くのケースとして、ソ連軍占領地でソビエト赤軍兵士は建物、村、都市に火を放ち、これを消火しようとした者を全て射殺した。例として1945年5月1日、ドイツの都市デミンに於いて、ソビエト将兵は町の中心に火を放ち、住民が消火しようとするのを妨げた。市場周辺の歴史的建築物の内、教会の尖塔だけが延焼を逃れた。赤軍の凶行の大部分は敵地と考えられている箇所だけで発生した。NKVDとソビエト赤軍将兵は1944年、1945年に時折、ポーランド内に於けるドイツの輸送列車を略奪した。

書類での命令は存在しないが、ソビエト赤軍の行動について記述された幾つかの文書が存在する。その内の一つはブダペストに於けるスイス公使館員によるもので、1945年、ソビエト赤軍がブダペストへ入場した時の事を記述している。それは以下の通り。

ブダペスト包囲戦の間とその翌週、ロシアの軍隊は町から自由に略奪を行った。彼らは豊か、貧しいことに関係なくほとんどの居住地へ入っていった。彼らは望んだもの全て、特に食料、衣類、貴重品を奪い、ありとあらゆるアパート、商店、銀行そのほかを数回、略奪した。持ち出すことのできない家具や大きな芸術品はしばしば破壊された。多くの場合、略奪の後、家には火を放たれ、そこには何も残らなかった。銀行の金庫は例外なく空に－イギリス、アメリカのでさえ－され、見つかったものは全て奪われた。

ソ連により任命された初代シャルロッテンブルク区長ヴァルター・キリアンはシャルロッテンブルク地域に於ける赤軍将兵の広範囲に及ぶ略奪を報告した。

個人、デパート、商店、アパート・・・全て闇雲に襲われた。

ソビエト占領地域に於いてドイツ社会主義統一党員はソビエト赤軍将兵による略奪、強姦がソ連に対して、また、将来の東ドイツに於ける社会主義体制に対してドイツ人が反発する可能性があるとスターリンに報告した。スターリンはこれに激怒、「私は赤軍の栄誉を辱める者を容赦しない」と答えた。

そのため、全ての証拠――例えば略奪、強姦、放火された町、農場、写真、その他の文書等――はその後、東ドイツの全てのアーカイブから除去された。

戦争捕虜への処遇

ソ連はロシア帝国が調印していたハーグ陸戦条約の継続を拒否、１９５５年まで調印国になることを拒否していた。これは１９１９年―１９２１年のポーランド・ソビエト戦争において、ポーランド、ソ連双方による捕虜の野蛮な扱いが考慮されていたからである。さらにソ連は１９２９年―１９５５年の間、ジュネーブ条約にも調印していなかった。それで国際的圧力があったとしても赤軍は捕虜を虐げることができた。

１９２０年の尼港事件の際には投降した日本兵及び婦女子を一人残らず処刑した。

1941年、緊急着陸を行ったドイツ空軍のパイロットは捕獲された後、しばしば処刑され、拷問、四肢切断、および殺人はドイツ軍パイロットに対して頻繁に行われていた。1941年―1942年にかけての冬、ソビエト赤軍は毎月、約10、000名のドイツ将兵を捕虜としたが、死亡率が高く、捕虜の減少率（もしくは事務的に減らされた可能性もある）は高かった。ドイツ軍捕虜は戦後も解放されず、グラーグ（ロシア語で強制収容所という意味）における劣悪な状況の下、1956年にいたるまで大多数が拘留された。ソ連軍の捕虜となったドイツ軍兵士の死亡率は35％と言われている。

ソ連の情報によれば、戦争で連行されたドイツ軍捕虜2、652、672名の内、474、967名の死亡をリスト化している。しかしロディガー・オバーマン博士はこれらは証明できないが、ソ連の拘留下で実際にはさらにドイツ軍将兵100万名が死亡したと考えている。

トロイエンブリーツェンの虐殺

トロイエンブリーツェンの虐殺は赤軍が激しい戦いを行った後、トロイエンブリーツェンを占領した1945年4月末から5月最初の日の間に発生した。ソビエト赤軍は民間人約1、000名（大部分が男性）を集め、近くの森で処刑したが、この処刑は村に影響を及ぼし、ソビエト赤軍高級将校の殺害という報復が行われた。

共産党・日教組は南方戦線において日本軍は多くの兵士を餓死、病死せしめたとして旧軍部を非難するが、前記のごとく共産党の親方であるソ連軍に較べれば、旧日本軍などその残虐性において足下にも及ばない。なのに共産・日教組がソ連軍を非難したことは一度もない。

軍隊の残虐性を人権擁護、戦争犯罪の防止という観点から糾弾するなら、すべての国の軍隊を糾弾しなくてはならないはずだが、共産党・日教組は米軍、英軍、支那軍、ソ連軍の戦争犯罪には目を瞑り、旧日本軍の残虐性ばかりを糾弾する。この事実は共産党・日教組の狙いは旧日本軍を否定することであり、人権擁護や戦争犯罪の告発でないことは明らかである。共産党・日教組はとにかく、何が何でも大日本帝国を悪者にしなくてはならない。そうしないと弾圧されていた自分たちが悪党にされてしまうからである。

餓死と病死、疲労死で兵士を失ったのはなにも日本軍だけではない。ソ連軍もドイツ軍も支那軍もコレヒドールの米軍も同じなのである。

戦国時代、兵糧攻めに遭った城の武士と家族、家来はその多くが餓死病死した。それを名誉とするのが武士道だった。

帝国陸海軍は武士がつくった近代式軍隊である。それゆえ武士道が色濃く残っていたのである。餓死であれ、病死であれ、部隊の存在が敵を誘き寄せているだけで陽動作戦は成功する。その典型が太平洋島嶼戦である。南洋諸島での作戦は苛烈を極めたゆえ、日本軍の非人道性を共産党・日教組は問うが、日本軍に対する米軍でも同じ状況だった。だからＰＴＳＤ

を煩《わずら》う米兵が続出したのである。

太平洋島嶼戦は陽動囮作戦

太平洋島嶼戦は米軍を太平洋に釘付けして時間を稼ぎ、その間東亜大陸を独立に導くための陽動囮作戦だった。詳細については拙論文「太平洋島嶼戦はアジア解放のための囮作戦に過ぎなかった」（『國の防人　第六号』展転社刊）を参照されたい。

たった二十六万の帝国陸軍将兵は南海の孤島で飢えと病気に苦しみながら、百四万の米軍を三年八ヶ月にわたって足止めさせ、十万人もの戦死者を米軍に与えた。そしてその間東南アジア六ヶ国を独立させ、一ヶ国に独立を宣言させた。

陽動囮作戦であったから、駐留日本兵は死守、すなわち死ぬまで戦い続けてけることを要求された。悲惨な結果となることは目に見えていたのである。たとえ飢えようが、罹病しようが、不虞になろうが、米軍を誘き寄せ、消耗させることができるのであれば、それはそれで目的は達成されることになる。

籠城戦では餓死しようが病死しようが、武士道の世界では名誉の戦死とされる、別に非人道的行いではない。それを非人道的と非難するなら、鎌倉以来の武士道そのものを非難すべきである。

共産党、日教組はなぜ武士道を糾弾しないのか。糾弾すれば、武士道という、天皇を頂点とする国体の背骨を貶め、大和民族からの支持を失うからである。かように共産党党員、日教組構成員は大和民族からはかけ離れた生き物であり、日本人ではないのである。

神風特攻——飛行訓練生からの要求だった

5　神風特攻は非人道的戦法であり軍上層部が強制的に兵士たちを死に追いやったという妄想を捏ち上げ、日教組がそれを子供たちに教えこんだ。

神風特攻の起源について保守派の中にも誤解があるので指摘しておく。

神風は海軍首脳からの下達により実行されたと思い込んでいる人が多いようだが、それは違う。事の発端は飛行訓練生からの要求だった。

大東亜戦争も後半にさしかかると、日本軍は航空燃料の不足に悩まされる。航空機用エンジンに必要なハイオクタンガソリンどころか、通常ガソリン（九十オクタン）の確保にも支障を来すようになった。良質なガソリンは最前線に回される。その結果、後方では粗悪ガソリンが使用されるようになった。ただでさえ粗悪なガソリンに、さらにアルコールを混ぜて代用とした。この燃料を亜号燃料という。昭和十九年になると、内地の飛行訓練はこの亜号燃料を使用して行われるようになる。その結果、訓練中の事故が多発し、多くの若い命が出撃前に失われた。そこで、訓練生たちは特攻を希望し始める。高度な飛行技術獲得のための訓練で死ぬのなら、最初から実戦にて特攻させろというわけである。爆弾抱えて突っ込むだけなら、格闘戦に要するような高度な技能を必要としないからだ。

日本左翼マスコミは旧軍首脳が若者たちを無理矢理特攻へ追いやったと言うが、事実は違う。「訓練で無駄に死ぬくらいなら、特攻で死なせろ」と若者たちが要求したのである。共産党・日教組はここでも旧日本軍を貶めるための捏造を行っている。

「お母さん」と叫んでいたことを誰が聞いた？

神風特攻について左翼マスコミ・日本共産党・日教組による捏造があるので指摘しておく。左翼マスコミが描く突入時の様態は以下の如くである。

特攻隊員はまだ若すぎたため、〝お母さん〟と泣き叫び、緊張感から小便漏らし、ヒステリー女のように錯乱しながら敵艦に突入した。

特攻隊員は十八—二十五歳くらいであったから、「母さん！」と泣き叫んだり、既婚者であれば妻の名を呼んだりしたという話は、大衆には説得力がある。戦後の一般大衆に戦前の武士道は理解できないからだ。そこに日本共産党がつけ込んだ。旧軍人など、潔く勇敢に見えるのは表向きだけで、実態はかくの如くみっともない限りであったと言うわけだ。「お母さん」と叫んだというその声を誰が聞いたのであろうか？　当時の日本機は紫電改《しでんかい》など最新鋭機にしか電話無線機を積んでいない。旧型機はモールス通信機しか積んでない。モールス信号しか発信できなかったのである。

特攻被害に遭った米軍兵が証言している。特攻兵はただ前方を無表情に見つめ突入してきたと。そこには感情の一欠片もなく、ただ命中だけを目指していたと。その無表情が怖かった。叫んでもいなければ、取り乱してもいなかった。ただ、一途に瞬きもせず、目標を見据え突っ込んで来た。米軍将兵はこのように証言している。

マスコミに巣くう日本共産党員が言うように、取り乱し、小便ちびり、ト連送を忘れて「お母さん」と叫びながらでは命中などおぼつかない。飛行機を操縦したことのある人ならば誰でもわかることである。

双眼鏡を見れば、風防内の操縦者の表情が見える。特攻隊員は瞬きもせず突っ込んで来たそうだ。鹿児島県喜界島沖で被爆した戦艦ミズーリの水兵も、沖縄の米軍水兵もそう証言している。武士道とは瞬きもせず突っ込んでくることだと米兵は理解したそうだ。時速五百キロで突入すれば、瞬きの瞬間目標を数十メートルずらすことになる。だから、日本軍は突入時、瞬きすることすら禁じていたのである。

特攻兵がション便ちびって、「お母さん！」と叫び、錯乱していたなどという話は、戦後に日本共産党・日教組が旧軍を貶めるためにでっち上げたインチキ話である。

「お母さん！」と錯乱しながら、左手でト連送モールスを打って、二百五十キロ爆弾を抱えて小回り効かないのに、後ろから銃撃してくる何機ものグラマン、コルセアをかわし、操縦桿を支えながら敵艦に命中するなど、あの撃墜王坂井三郎でも不可能であろう。それができるなら、日本航空の共産党労働組合所属（秘密党員）のパイロットに再現してただきたい。

特攻による米軍被害は、戦死約七千人、戦傷脱落は九千人以上である。ヒステリー女のように錯乱して、そんな戦果を上げられるはずがない。特攻兵を馬鹿にするのもいい加減にせよ。著者のような科学者には嘘は通用しないのである。

保阪正康発言

評論家の保阪正康が次のように言ってる。

「特攻機は離陸した後はずっと、無線機のスイッチをオンにしているそうなんですよ。だから、基地では特攻隊員の〝最後の叫び〟を聴くことができた。『お母さーん』とか、女性の名前もあったそうです。『大日本帝国万歳』というのはほとんどなかった。ところが、そうした通信記録は残っていない。故意に燃やしてしまったに違いありません」。

当時の日本軍機が使用していた電話無線機は雑音だらけで、出力も弱く、とても実用に耐えるものではなかった。それゆえ、遠く離れた出撃基地で特攻隊員の最後の声を聞くなどということは不可能だったのである。機上無線機が立派だったら米軍機に負けるはずはない。米軍機は電話無線機で会話しながら編隊空戦を行っていた。日本機は手信号で連絡を取り合っていた。戦争末期になってやっとまともな電話無線機が登場したが、それは紫電改などの空中戦用戦闘機に積まれ、消耗品である特攻機に積まれることはなかった。

出撃基地で受信していたのはモールス無線である。日本機はモールス無線機を積んでいた。零戦にも操縦席の左側についている。これを使って基地と交信していた。敵艦に突入しながら、モールスで「お母さん」と打電するのは不可能だ。両手は操縦桿を支えるので塞がっている。失われることが確実な特攻機に、高価な電話無線機を積むはずがない。

さらに保阪は文系脳みその面目躍如たる間違いを犯している。当時の日本の録音機と言えば映画用のトーキーとアセテートトレコード録音機しか存在しない。テープレコーダーが実用化されたのは戦後である。当時は音声を録音するには高価で大きくて重い装置を使用するしかなかった。死に行く特攻兵の声を録音して何の意味があるというのか、しかも機材的に無理なのだ。保阪正康という文系脳みそには恐れ入るばかりである。

参考：日本機の機上無線機の実態

当時基地航空部隊では、戦闘機同士の無線は雑音がひどくて使えず、使えないものなら降ろして少しでも機体を軽くしようと、指揮官機以外は無線機も積んでいなかった。キャノピー後部にある無線アンテナ支柱は木製であったが、無線機を降ろした機体はこれも鋸で切ってしまっていた。もちろん上空では、エンジンの爆音や風切り音で、いかに大声を張り上げたところで聞こえっこない。したがって、指揮官と列機の意思の疎通は、バンクや手信号に頼らざるを得なかった。

戦前は暗黒時代という虚構

6　大日本帝国憲法下の立憲民主主義を軍国主義であったという妄想を捏ち上げ、日教組がそれを子供たちに教えこんだ。

前述した通り、共産党・日教組は戦前の日本を軍国主義という名の〝ファシズム〟が支配していた暗黒の時代であったと決めつけることが大好きである。

戦前の日本には言論の自由も、公平なる選挙もなかったし、民衆は軍部と財閥に搾取され、奴隷のように働かせされていたというのが、日本共産党が描く戦前の社会である。そういう社会像を具体的に作文にで捏ち上げたのが小林多喜二の『蟹工船』である。

参考：蟹工船（ウィキペディアより）

あらすじ

「おい地獄さ行（え）ぐんだで！」

蟹工船とは、戦前にオホーツク海のカムチャツカ半島沖海域で行われた北洋漁業で使用される、漁獲物の加工設備を備えた大型船である。搭載した小型船でたらば蟹を漁獲し、ただちに母船で蟹を缶詰に加工する。その母船の一隻である「博光丸」が本作の舞台である。蟹工船は「工船」であって「航船」ではない。だから航海法は適用されず、危険な老朽船が改造して投入された。また工場でもないので、労働法規も適用されなかった。

そのため蟹工船は法規の真空部分であり、海上の閉鎖空間である船内では、東北一円の貧困層から募集した出稼ぎ労働者に対する資本側の非人道的酷使がまかり通っていた。また北洋漁業振興の国策から、政府も資本側と結託して事態を黙認する姿勢であった。

情け知らずの監督である浅川は労働者たちを人間扱いせず、彼らは劣悪で過酷な労働環境の中、暴力・虐待・過労や病気で次々と倒れてゆく。転覆した蟹工船をロシア人が救出したことがきっかけで異国の人も同じ人間と感じ、中国人の通訳も通じ、「「プロレタリアートこそ最も尊い存在」」と知らされるが、船長がそれを「赤化」とみなす。学生の一人は現場の環境に比べれば、ドストエフスキーの「死の家の記録」の流刑場はましなほうという。当初は無自覚だった労働者たちはやがて権利意識に覚醒し、指導者のもとストライキ闘争に踏み切る。会社側は海軍に無線で鎮圧を要請し、接舷してきた駆逐艦から乗り込んできた水兵にスト指導者たちは逮捕され、最初のストライキは失敗に終わった。労働者たちは作戦を練り直し、再度のストライキに踏み切る。

現実の蟹工船

実際の蟹工船。「北洋の監獄部屋」、「監獄船」、「地獄船」、「海のタコ部屋」などと呼ばれていた。

夏場の漁期になると貨物船を改造した蟹工船と漁を行う川崎船が北方海域へ出て三ヶ月から半年程度の期間活動していた。蟹工船は漁をしていない期間は通常の貨物船として運行しており、専用の船があったわけではない。蟹の缶詰は欧米への輸出商品として価値が高かったため、大正時代から昭和40年代まで多くの蟹工船が運航されていた。

1926年（大正15年）9月8日付け『函館新聞』の記事には「漁夫に給料を支払う際、最高二円八〇銭、最低一六銭という、ほとんど常軌を逸した支払いをし、抗議するものには大声で威嚇した」との記述がある。逆に、十分な賃金を受け取ったという証言もある。「脱獄王　白鳥由栄の証言」（斎藤充功）において、白鳥由栄（1907年生まれ）は収監以前に働いていた蟹工船について「きつい仕事だったが、給金は三月（みつき）の一航海で、ゴールデンバット一箱が七銭の時代に三五〇円からもらって、そりゃぁ、お大尽様だった」と述べている。大正15年に15歳で蟹工船に雑夫として乗った高谷幸一の回想録では陸で働く10倍にもなると述べているが、単調な1日20時間労働で眠くなるとビンタが飛ぶ過酷な環境で大半は1年で辞めるところ、高谷幸一は金のために5年も働いたと証言している。漁夫雑夫でも米1日八合が支給され、食事量は陸上よりも多く、幹部は乾燥鶏卵やハムなどが食べられ、当時としては食事は良かった。

小説発表後も、１９３０年（昭和５年）にエトロフ丸で、虐待によって死者を出した事件も起きている。

高い給料を貰える代わりに、睡眠時間は短く、狭い漁船の中で何カ月も過ごさなくてはならず（監禁に近い）。そのため、ストレスや過労により精神がおかしくなり、陸では温厚な人物ですら、鬼に変えてしまうほど追い詰められていた。

蟹工船形式の操業は、戦後も続き、１９７０年代、２００カイリ経済水域の設定による北洋漁業廃止まで行われていた。

この『蟹工船』という作品に左翼の無知がよく現れている。蟹工船の労働者はいつ沈むかもしれないオンボロ漁船に乗せられ、劣悪なる労働条件で働かされ、文句を言うと拷問され海に放り投げられるそうである。「こんなことがあってよいのですか、許せないと思う人は共産党に入党しなさい」と言う日本共産党のプロパガンダ小説である。

共産党党員である小林多喜二の話には難がある。

蟹工船はベーリング海へ蟹を捕りに行くのが仕事である。船が簡単に沈んでしまっては商売にならない。せっかく捕った貴重な蟹が海に沈んでしまっては大損害である。今にも沈みそうな船で地球上でも有数の荒海である北太平洋に出かけるなどというのは最初から自殺行為であり、そんな船で操業などできるはずがない。

蟹工船として使用される船舶は漁期以外は通常の貨物船として運行されており、それゆえ国が定めた船舶検査という安全基準を満たしていなければ運行許可は下りない。

小林多喜二は日本資本主義を非道なる体制であると貶めるため話を捏ち上げているのである。すぐにバレる嘘をあたかも真実であるかのように捏ち上げるのが共産党の頭脳である。バカだから前記のようにすぐバレる。こんなところにも小林多喜二の馬鹿さ加減を見て取れるのである。

それから蟹工船で働く労働者であるが、蟹漁船の乗組員は基本的には労働者というよりも漁師であり、熟練工である。共産党が好む単純労働者ではない。水産会社は何年も掛けて一人前の漁師に育て上げた熟練漁師を簡単に殺すわけにはいかない。

蟹漁は漁期が限られているので、効率的な作業をしなくては採算ラインを超えることはできない。それゆえ睡眠時間を減らしても働けということになる。それに耐えられない者は乗船するなということである。少なくとも船酔いするような素人は乗せないことが原則であり、その辺の駅頭で拾ってきた学生アルバイトなど使い物になるはずがないのである。

北洋ベーリング海は地球上で最も荒れた海と言われている。南洋のハワイに押し寄せ、サーファーたちにその妙技を演じせしめる高さ十メートルはあろうかという巨大波は北太平洋ベーリング海から押し寄せているものである。それほどの荒海へ乗り出すのに船酔いで寝込んでしまう素人アルバイトなど雇っては商売あがったりである。ベーリング海での蟹漁の様子を知りたければ、アラスカの蟹漁船の実態を紹介しているディスカバリーチャンネルの番組「ベーリング海での一攫千金」を見れば一目瞭然である。この番組を見れば小林多喜二のバカッぷりをよく知ることができる。

作品『蟹工船』で最も〝お笑い〟として受けるのが「転覆した蟹工船をロシア人が救出したことがきっかけで異国の人も同じ人間と感じ、中国人の通訳も通じ、『プロレタリアートこそ最も尊い存在』と知らされる」の部分である。大正年間、カムチャッカ半島には国境警備隊以外にロシア人などほとんど居住していない、世界中で最も浅ましく、さもしい民族であるロシア人が蟹を満載した遭難船を救助するなど考えられないことである。彼らにとって遭難船は略奪すべき対象であり、救助する対象ではない。もっともロシア人は蟹を食べないから略奪するのは遭難船の装備品であろうし横取りした蟹缶は横流ししたはずである。

ロシア人が蟹を食さない理由、それはソ連共産党が無知蒙昧なる〝プロレタリアート〟に「蟹はグロテスクな形態ゆえ悪魔の魚である」と教え、漁獲しても食用とすることを禁じたからである。その裏でソ連共産党幹部は外国に蟹缶詰と蟹の漁業権を売り、ちゃっかり小遣い銭を稼いでいた。

帝国議会を完備した完璧なる民主主義の国であった

戦前の日本が暗黒の時代であったなら、立憲君主制をその基礎に据えた明治憲法（明治二十二年〈一八八九〉二月十一日に公布）と明治憲法の下で同年に開設された帝国議会は機能していなかったことになる。しかし、著者が知る限り一八九〇年代に発生した足尾鉱毒事件における田中正造翁の活躍など、帝国議会では活発論議が行われていた。

第二回帝国議会　明治二十四年十一月二十六日—明治二十四年十二月二十五日（通常会。蛮勇演説。明治二十四年十二月二十五日解散）

第三十回帝国議会　大正元年十二月二十七日—大正二年三月二十六日（通常会。第一次護憲運動）

第六十七回帝国議会　昭和九年十二月二十六日—昭和十年三月二十五日（通常会。天皇機関説事件）

第六十九回帝国議会　昭和十一年五月四日―昭和十一年五月二十六日（特別会。粛軍演説）

第七十回帝国議会　昭和十一年十二月二十六日―昭和十二年三月三十一日（通常会。腹切り問答。昭和十二年三月三十一日解散）

第七十三回帝国議会　昭和十二年十二月二十六日―昭和十三年三月二十六日（通常会。「黙れ」事件）

第七十五回帝国議会　昭和十四年十二月二十六日―昭和十五年三月二十六日（通常会。反軍演説）

このように帝国議会では様々な問題が提起され議論されていたことは明白である。たしかに非合法化されていた日本共産党にとっては暗黒であったであろうが、それは日本共産党が暴力革命によって、立憲君主制という議会制民主主義を破壊しようと企てていたからであって、ただの自業自得である。暴力によって議会制民主主義を廃止、皇室を皆殺しにしようなどと公言している団体が、暴力によって追求されるのは当然である。ただのテロリストに過ぎないからだ。

戦前の日本はファシズムにも軍国主義にも支配されてはいなかった。支配されていたと捏造したのがファシストである共産党・日教組と軍国主義者であるGHQである。特に米国はその国家理念が〝デモクラシー〟こそ民主主義であり、民主主義のなかった国を民主化したという実績は国家理念そのものの正当性を裏づける証左となり得るゆえ、何が何でも戦前の日本を暗黒国家であると塗り固めたかったのである。

戦前の日本がすでに民主化され、言論の自由が存在していたとするなら、米国はその民主主義国家に核爆弾を投下したただの悪党ということになり、米国の国家理念の正当性は失われる。斯様に〝疑似戦勝国〟である米国と共産党・日教組は戦前の日本を悪者に塗り替えるという点において共通の利害を有しているのである。

明治憲法下の日本は自由闊達な議論が幅をきかせる民主主義国家であった。もしも言論の自由が規制されていたなら、政府は開戦を煽り世論を政府が望まぬ開戦へと導いた朝日新聞・毎日新聞・NHK・ラジオを発禁処分、放送禁止としていたはずである。しかし現実にはそうはならなかった。言論の自由が保障されていた証拠である。

戦前の日本を軍国主義による暗黒国家であるなどと決めつけたのは、そうでなくては広島長崎を正当化できない〝疑似戦勝国〟米国と、ただの悪党ゆえ国家警察に追われていた日本共産党である。

7　原爆を使用したアメリカは通常兵器で日本に敗北した

終戦時の日本軍は竹槍でB29を撃墜せよと国民に命じた弱小軍隊であったという妄想を捏ち上げ、日教組がそれを子供たちに教えこんだ。

戦後左翼がまき散らし、保守論壇まで信じ込んでいる神話に日本軍最弱神話がある。戦争末期の日本軍には米軍への抵抗力はなく、米軍が上陸してくればたちまち日本軍は崩壊し、白旗を上げざるを得なかったというものである。

ベトナム戦争を例に考えてみよう。一九六〇年頃、ベトコンは弓矢、竹槍、落とし穴、仕掛け爆弾、罠、旧式小銃を使用して米軍、南ベトナム軍と戦っていた。それでも、米軍に大きな損害を与えたため、米国は最新兵器を駆使した軍隊を増派せざるを得なくなった。ジャングル戦においては毒を塗った弓矢が効果的だったという。音のしない弓矢では発射点を掴めないからである。掴んだとき、そこにベトコンは逃げていない。弓矢と竹槍はインドネシア独立軍も多用していた。ジャングル内での近接戦では音のしない兵器は有効なのである。ベトナム戦争での米軍戦死者の三割が狙撃によるものだという。小銃により狙撃され死傷したということである。ジャングルという森林地帯におけるゲリラ戦では必ずしも重火器を必要としない。それどころか小火器による遊撃戦こそが死命を制することを意味している。米軍の増派に合わせるように、北ベトナムによる武器人員の補給が活発化したのは一九六五年以降であるが、それでもベトコン、北ベトナム軍の主要なる兵器は小火器であった。戦車や重砲など重火器はジャングル戦では機動性に劣るゆえ、役に立たないと判断されたのである。米軍は制空権を持ち、日本本土爆撃に投下した総量の何倍もの爆弾を投下したが士気の高いベトコン、北ベトナム軍に勝利することはなかった。当時のジェット攻撃機は一機でB29爆撃機の倍の爆弾を携行する。それを駆使しても米軍は負けた。

さて、日本本土決戦にベトナム戦争をスライドさせ考察してみよう。

もしも米軍が上陸してきたら、水際で米海軍は特攻兵器の洗礼を受けることになる。陸海軍は合わせて一万五千六百機の特攻機を温存していた（米軍戦略爆撃調査団調べ）。

米軍の上陸が予想される十一月までに海軍は特攻舟艇三千八百隻、各種の特殊潜航艇八百隻を配備する予定であったし、八月の段階でも相当数が配備完了済みであった。さらに海軍は無数の酸素魚雷（射程三十キロ、積載艦艇がなくなったため大量に余っていた）を沿岸に隠蔽配置していた。上陸地点の水平線を隙間なく埋め尽くす米艦船に命中させるのは容易である。隙間がないわけだから、走行水深を浅く設定すれば必ず命中する。回避しようとすれば米艦船は互いに衝突し、上陸用艦船は大混乱に陥ったことであろう。上陸作戦そのものを中止せざるを得なくなったかもしれないのである。

上陸に成功したとしても、今度はゲリラ戦に遭遇する。ゲリラ戦については沖縄・硫黄島の状況がそのまま再現される。特に山岳地帯に籠もった日本兵を全滅させるのは不可能である。太平洋の小島にすぎない沖縄やサイパン、ペリリュー、さらにフィリピンでは終戦が過ぎても日本兵はゲリラ戦を続行していた、ましてや南北三千キロ、七割が山岳地帯の日本列島でゲリラを完全に掃討するなど不可能である。当時の国内における戦闘可能兵員数は陸軍軍人および軍属　約三百十五万人、海軍軍人および軍属　約百五十万人、特殊警備隊の兵員約二十五万人、国民義勇戦闘隊　約二千八百万人で合計三千二百九十万人である。三千三百万の日本版ベトコンに米軍は勝てたであろうか？

　原爆を大量に使用すれば日本農業を壊滅させ、ゲリラを掃討できるという者がいる。そこで著者は計算してみた。一発の原爆で五キロ四方の水田を壊滅できたと多めに見積もっても、当時の日本の全水田を壊滅させるには二千発の原爆を必要とする。しかも、何度壊滅させても日本農民はすぐに修復するし、降雨量の多い日本では汚染した用水はすぐに流され、汚染していない新たな水に代えられてしまう。当時の米国に毎年二千発の原爆をつくり続ける工業力などあろうはずがない。後のベトナム戦争で米国は枯れ葉剤を散布したが、それでも敗北したことを忘れてはいけない。

　戦争当時、わが国の主要交通機関は鉄道のみであったと言っても過言ではない。自動車交通が未発達であり、自動車用道路網などなきに等しかった。このような状況で米軍が迅速に移動するなど困難である。河川の多い日本の鉄道は橋梁部が多く、また山岳も多いためトンネルも多かった。自動車が縦横に走れる道路もなく、橋とトンネルが破壊された鉄路を米軍はどのようにして移動したのであろうか？

　米軍が計画した九十九里浜上陸作戦では、上陸十日後に東京を占領する予定だったそうだが、果たしてそれは可能であっただろうか？

　硫黄島でもペリリューでも数日で制圧するという予定であったが、わずか一―二万の日本軍を制圧するのに何ヶ月もかかっている。沖縄でもゲリラ戦は終戦時まで続いている。本土日本人に較べて士気の劣る沖縄県民を相手にしてもこの体たらくである、九十九里に上陸すれば、相手は沖縄の数十倍の日本兵であり、さらに数百万のゲリラが対抗する。いくら昼間だけの制空権をとったとしても、陛下のために死ぬことを最高の栄誉と考えていた当時の数百万の日本兵を蹴散らし、数百数千の特攻兵器をかわし、橋もトンネルも落とされた鉄路を伝ってわずか十日で東京を占拠するなど不可能である。東京の縁にたどり着いても、今度は自分たちが空爆で破壊した瓦礫と化した都内での市街戦に突入する。瓦礫は守る側にとっては極めて有利な状況をつくり出す。スターリングラード攻防戦でソ連軍は、ドイツ軍の空爆によって発生した瓦礫を利用して市街戦を展開し、結局ドイツ軍を包囲殲滅した。

皇居を占拠したとしても、そこに皇室は存在しない、陛下と政府首脳は中部山岳地帯に移動しており、急峻な山岳で、しかも森林地底では米軍自慢の戦車も攻撃機も役に立たない。沖縄の山岳地帯とは規模が違いすぎる。

左翼＝日本共産党＝日教組は、当時の日本は物資が欠乏し、海上封鎖を受ければたちまちお手上げになるというが、海上封鎖を受けるということは再び鎖国することに他ならず、江戸の昔に戻るだけである。江戸時代とは自らを経済封鎖しながら、三千万の国民を養いながら軍事態勢を整えていた時代であった。八十年前の江戸時代に戻ったとしても、玄米と塩があれば、小火器だけでも何年にもわたって戦闘は継続できる。島国で日本列島と同じくらいに海上封鎖を受けていたインドネシア独立軍は陸海軍合わせて三十万の駐留日本軍の武器弾薬の半数のみを確保し、弓矢、竹槍、罠を併用しながら四年間を戦い抜き、独立戦争に勝利した。ゲリラ戦では物量は必要ない。おそらくベトナム戦争でベトコン、北ベトナム軍が使用した総火力は米軍南ベトナム軍の数百分の一であったと著者は考える。アフガニスタンで十年以上も戦いながら米軍はなぜ勝てないのか、その理由を分析し、本土決戦に当てはめて考えなくてはならない。

通常兵器による勝利をあきらめ、原爆を使用せざるを得なくなったという段階で米国は通常戦争に敗北したのである。この点を日本人は記憶に留め置かなくてはならない。

米軍は原爆だけでなく毒ガス兵器も使用する予定だったから、日本軍は勝てなかったと論ずる輩がいる。これもインチキである。日本兵はもともと死ぬ覚悟である。十人の戦死でアメリカ兵一人を倒せれば上出来という日本兵にとって、日米軍双方による毒ガスの応酬や、放射能汚染などどうでもよいことである。あくまで生き延びて本国に帰ろうとする米兵とあと二、三日生き延びてその間に米兵を一人でも倒せればよしとする日本兵を同じ価値観で論ずることはできない。

もしも、米軍が日本本土に上陸していたとして予想される戦況は、硫黄島、沖縄、ペリリューなどよりも悲惨な状況と成ったであろう。チュウインガムをくれと言って近づいてきた子供が行き成り手榴弾を着火する。命中精度に優れた三八式歩兵銃で木陰から銃撃される、まともな道路などなかった当時の日本の道路事情では米軍自慢のシャーマン戦車も立ち往生したであろう。立ち往生したところに〝布団爆弾〟を背負った日本兵が突入してくる。山岳地帯では人為的な山崩れで米軍車両は動きが取れなくなる。そこをまた狙撃される。撃ち返そうにも何処に日本兵が潜んでいるのか判明しない。人口の五割以上が農民で農村に住み、国土の七十％が森林である。ゲリラ戦には打ってつけの舞台なのだ。このような状態が続けば、百万人以上の損害が出ても不思議はない。人口がたった五十万、低木灌木しか生えていない、しかも本土人に較べて士気が高いとは思われない住民が住む沖縄で米軍はあれだけの損害を出している。人口八千万、沖縄よりも遙かに広大でそのほとんどが視界を遮る高木が生えた山岳地帯で、陛下の御命令のもと、自決覚悟の日本人がゲリラ戦を展開すればベトナム以上の凄惨な状況が露呈したことは必定である。急峻な山岳地帯では自慢の原爆もその効果を発揮できまい。

本土決戦回避で救われたのは米兵なのである。当時の日本人はベトコンのように未成年の男子から婦女子まで竹槍で戦う覚悟はできていた。陛下のご命令があったから矛を収めただけである。〝白人様〟に救ってもらったわけではない。

五百旗頭真の嘘

8　米軍による爆撃で日本全土が焼け野原となったという妄想を捏ち上げ、日教組がそれを子供たちに教えこんだ。

五百旗頭真がＮＨＫの早朝番組で嘘をついていた。東大政治歴史学には北岡伸一をはじめ、なぜにこうも論理性に欠けた学者もどきが多いのであろうか。

五百旗頭が言うには終戦時わが国はすべての都市が焼け野原となり、人々は住む場所も食料もなく困窮していたそうである。

多くの都市がいまだ健在であったことは本土八千万の人口のほとんどが生き残っていたことでも明らかである。多く見積もって、空襲で百万人が死傷したとしても、本土全人口八千万のうちのたった百万である。被災面積は約六万四千ヘクタール、ちなみに本土面積は三千七百万ヘクタールである。約二百の都市が空襲を受けたが、壊滅したのは広島、長崎くらいであり、東京も大阪も都市機能を失ったわけではない。

その他の都市もその一部が被災しただけにすぎない。二百ということは五十一都道府県でならすと、各県四都市しか爆撃を受けていないではないか。たった四都市である。各県に都市は四つしかなかったとでも言うのであろうか。著者が暮らす北海道には二百二十の自治体があったが、そのうち空襲を受けたのは数都市に過ぎない。全国的に見てもその程度である。第一いくら米軍でも、全都市を消失させるだけの爆弾も航空機も保有などしていなかった。

全都市が消失したなどと言うのは嘘である。米軍の空襲によって日本全土が焦土と化したなどと言うのは日本共産党とＧＨＱが旧日本軍を貶めるために捏造したデマである。日本本土爆撃の何倍もの爆弾を投下したベトナムでも、すべての都市を焦土と化すのは不可能であった。なのになぜ日本だけが全都市が焦土と化すのであろうか。デタラメもいい加減にせよ。

五百旗頭真よ、「日本全土が焦土と化した」という前に、その数値的根拠について考察せよ。国土の何パーセントが消失したのか計算してから話されよ。各県で四都市しか部分的空襲を受けておらず、同県内のその他の都市は空襲すら受けていないのである。どうすれば全都市が焦土と化すのであろう。共産党・日教組とその御用学者である五百旗頭真の低脳ぶりは底なしである。

神風特攻による連合軍側被害——特攻が日本本土上陸を諦めさせた

９　神風特攻に関して戦火の乏しい犬死にだったという妄想を捏ち上げ、日教組がそれを子供たちに教えこんだ。

以下に紹介する写真とデータは特攻機による被害を受けた米英海軍艦艇である。これを見れば米海軍は沖縄特攻末期には崩壊寸前まで追い込まれていたことを理解できる。だからこそ米軍は非合法兵器である核爆弾の使用に追い込まれたのである。

特攻隊員の名誉回復のためウィキペディアより詳細にわたって引用する。次に示す写真とデータはすべてウィキペディアより引用した。まずは被害写真と損害一覧表を見ていただきたい。

1944 年 10 月 25 日、神風特攻隊敷島隊の零戦の特攻で搭載燃料と弾薬が誘爆して爆沈した護衛空母セント・ロー。

1945 年 1 月 1 日、リンガエン湾に向けて航行中にスールー海で神風特攻隊旭日隊の特攻を受け炎上する護衛空母オマニー・ベイ、この後に沈没。

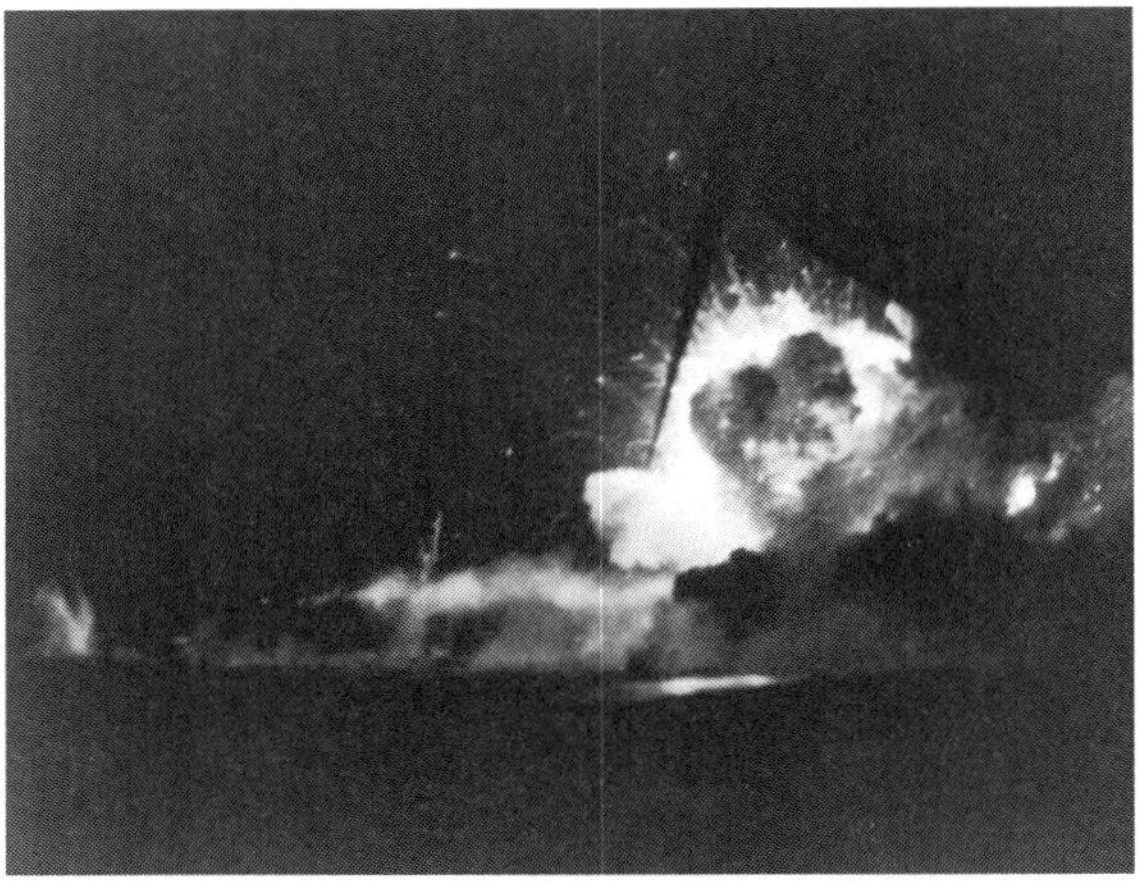

1945年2月21日、硫黄島の戦いで神風特攻隊第二御盾隊の特攻で爆沈する護衛空母 ビスマーク・シー。

1944年12月5日、特攻により沈んだ輸送駆逐艦ワード。ワードは真珠湾攻撃の際に日本軍の攻撃前に特殊潜航艇を撃沈し日米の戦端を開いた駆逐艦でもあった。

1945年4月11日、アメリカ海軍戦艦ミズーリに突入直前の神風特別攻撃隊第5建武隊の零式艦上戦闘機（石野節雄二飛曹搭乗）

1945年6月10日、特攻機が至近弾となって大きく傾いた駆逐艦ウィリアム・D・ポーター(en:USS William D. Porter (DD-579))。懸命の復旧作業も実らずこの後に横転し沈没した。

1945年1月21日、台湾沖で神風特攻隊新高隊の特攻で大破炎上する空母タイコンデロガ。

1945年2月21日、硫黄島の戦い中に4機の特攻と2発の爆弾命中により搭載艦載機が炎上しているサラトガ。

沖縄戦にて特攻機の命中で大破した正規空母イントレピッド

フィリピン戦で正規空母エセックスに特攻機が命中した瞬間

1945年1月6日（ルソン島の戦い）、軽巡洋艦コロンビアに急降下突入し命中直前の陸軍特別攻撃隊鉄心隊あるいは石腸隊の九九式襲撃機

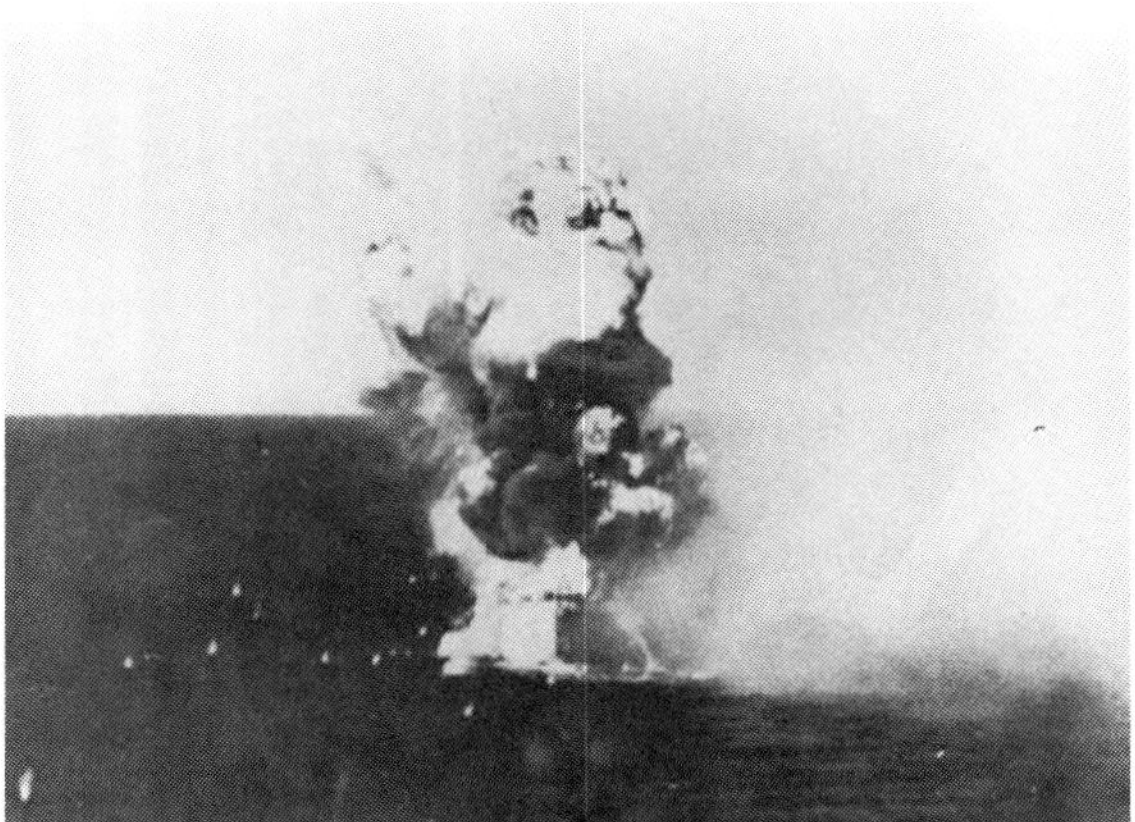

上掲写真直後17時29分、コロンビアに命中した瞬間の九九式襲撃機

航空特攻により撃沈された艦艇だけでも五十四隻、損傷を受けた艦艇は三百六十二隻に上り、特攻による米軍の戦死者は六千八百五名、九千九百二十三名が負傷した。これを見ると被害は甚大なりと言うしかない。もしも米軍が日本本土上陸作戦を決行した場合、これの数倍の被害が単純計算で予想された。

進駐軍（米国空軍戦略爆撃調査団）の調査では終戦時の日本国内には一万五千六百機の特攻機が温存され、隠蔽飛行場（昼間は草木で隠蔽されている）も多数用意されていた。燃料は各機が五回以上出撃できる分が温存されていた。たった二千機余の沖縄特攻で米海軍の損害は沈没五十五、損傷三百六十二隻に達した。本土決戦で八倍の数の特攻機が同じ命中率で米海軍艦艇に殺到したら、単純比例計算でも五十五×八＝四百四十隻が沈没、三百六十二×八＝二千八百九十六隻が損傷する。

沖縄戦では九州から六百キロも飛ぶため、途中で米軍機に迎撃された。しかし本土決戦で米軍機は迎撃する時間がない。なぜなら、米軍上陸艦艇は浜辺から数キロ先に布陣しているからだ。沿岸の隠蔽飛行場を飛び立った特攻機が時速四百キロで進航すれば、数分後には米艦に突入している。沖縄戦での特攻命中率の数倍の命中率になることが予想された。これでは米海軍は全滅となる。しかも飽和攻撃を仕掛けてくるから命中率はさらに上がる。

沖縄戦で二千機の特攻機（その多くが途中で撃墜されたため命中率は低い）に対して米海軍死傷者は約一万七千人に上る。一万五千機の特攻機が沖縄戦の数倍の命中率で米艦に殺到し

対ドイツ戦争を終えた英軍は急遽空母を極東に派遣したが、たちまち特攻の餌食にされた。写真は1945年5月4日、特攻による火災で艦載機が炎上したイギリス軍空母フォーミダブル。

たら、単純比例計算で同じ命中率としても十二万七千五百人、数倍の命中率で計算すれば数十万人の米海軍将兵が死傷する。これでは米海軍は崩壊する。海軍の支援がなければ上陸部隊は全滅する。

特攻は航空機によるものだけではない。陸海軍合わせて数千艘に上る特攻ボート、一千隻以上に上る特攻用小型潜水艦も待ち構えていた。たとえ上陸に成功しても、米軍上陸部隊に対して三千二百万人以上の日本人ベトコンが待ち構えている。イオージマの状況が日本本土全域で再現されるということだ。たとえ米軍が上陸作戦を決行しても〝元寇〟が再現されるだけである。

それゆえ米軍は原爆投下に頼らざるを得なくなったのである。

次に特攻攻撃による米海軍の艦艇種類別の被害状況（撃沈・損傷）を表にまとめてみる。

撃沈艦種

艦種	分類記号	撃沈艦（航空特攻）	撃沈艦（水中特攻）	撃沈艦（水上特攻）	除籍艦
護衛空母	CVE	3隻			1隻
駆逐艦	DD	14隻	1隻		9隻
護衛駆逐艦	DE	1隻	1隻		1隻
掃海駆逐艦	DM	2隻			5隻
輸送駆逐艦	APD	4隻			5隻
駆潜艇	SC・PC	1隻		1隻	1隻
掃海艇	AM・YM	3隻			
魚雷艇	PT	2隻		2隻	
戦車揚陸艦	LST	5隻		1隻	2隻
中型揚陸艦	LSM	7隻		1隻	
上陸支援艇	LCS	2隻		3隻	1隻
歩兵揚陸艇	LCI	1隻	1隻	2隻	
上陸用舟艇	LCVP			3隻	
タグボート	AT	1隻			
宿泊艦			1隻		
タンカー	AO・IX	1隻	2隻		
輸送艦		7隻			
合計		54隻	6隻	13隻	25隻

損傷

艦種	船体分類記号	損傷艦（航空特攻）	損傷艦（水中特攻）	損傷艦（水上特攻）
戦艦	BB	16隻		
正規空母	CV	21隻		
軽空母	CVL	5隻		
護衛空母	CVE	16隻		
重巡洋艦	CA	8隻		
軽巡洋艦	CL	8隻		
駆逐艦	DD	91隻	2隻	4隻
護衛駆逐艦	DE	24隻		
掃海駆逐艦	DM	26隻		
輸送駆逐艦	APD	17隻		
水上機母艦	AV	4隻		
潜水艦	SS	1隻		
駆潜艇	SC・PC	1隻		
掃海艇	AM・YMS	16隻		1隻
魚雷艇	PT	4隻		
戦車揚陸艦	LST・LCT	15隻		4隻
中型揚陸艦	LSM	4隻		
上陸支援艇	LCS	13隻		2隻
歩兵揚陸艇	LCI	7隻		2隻
哨戒艇	FS			2隻
魚雷艇母艦	AGP	1隻		

ドッグ艦	ARL	2隻		
病院船	AH	1隻		
タグボート	AT	1隻		
タンカー	AO・IX	2隻		
攻撃輸送艦	AKA・APA	18隻	1隻	3隻
防潜網設置艦	AKN	1隻		
傷病者輸送艦	APH	1隻		
輸送艦		35隻	5隻	1隻
合計		359隻	8隻	19隻

特攻の戦果については諸説あり、以下に参考としてウィキペディアより引用する。

元英軍従軍記者オーストラリアの戦史研究家デニス・ウォーナー著『ドキュメント神風下巻』

航空特攻で撃沈57隻、戦力として完全に失われたもの108隻、船体及び人員に重大な損害を受けたもの83隻、軽微な損傷206隻。

イギリスの戦史研究家 Robin L. Rielly 著『KAMIKAZE ATTACKS of WORLD WAR II』)

航空特攻で撃沈49隻、損傷362隻、回天特攻で撃沈3隻、損傷6隻、特攻艇で撃沈

7隻、損傷19隻、合計撃沈59隻、損傷387隻。

アメリカ軍の特攻損害の公式統計は、「44カ月続いた戦争のわずか10カ月の間にアメリカ軍全損傷艦船の48・1％ 全沈没艦船の21・3％が特攻機（自殺航空機）による成果であった」。「アメリカが（特攻により）被った実際の被害は深刻であり、極めて憂慮すべき事態となった」とアメリカ軍の損害が極めて大きかったと総括している。

自らもイギリス軍の従軍記者として、空母フォーミダブルで取材中に特攻で負傷した経験を持つデニス・ウォーナーは「航空特攻作戦は、連合軍の間に誇張する必要もない程の心理的衝撃を与え、またアメリカ太平洋艦隊に膨大な損害を与えた。アメリカ以外の国だったら、このような損害に耐えて、攻勢的な海軍作戦を戦い続ける事はできなかったであろう。」

「そして、日本軍の特攻機だけがこのような打撃を敵（アメリカ海軍）に与える事が可能であったことだろう。」と結論付けている。

日本軍が繰り出した特攻作戦により米海軍は四百隻もの艦艇を戦闘不能にされた。終戦時に残存していた護衛駆逐艦以上の戦闘艦艇は約八百隻に減らされていた。

あまりにみっともない話であるから米国は内緒にしているが、沖縄戦以降米海軍は艦艇が不足して本土上陸など物理的に不可能だったのである。もし日本本土上陸作戦を実行していたなら、一万機以上の特攻機が上陸艦隊に殺到することが予想された。

オリンピア作戦だのコロネット作戦だのダウンホール作戦（殲滅破壊という意味）だのという勇ましい名前の上陸作戦を立案したが、兵員を運び、守る船が足りなかった。無理して作戦を実行すれば、なけなしの八百艘も全滅する恐れがあった。ダウンホールされるのは米国海軍の方だったのである。神風特攻が本土上陸作戦を諦めさせた。これが真実である。

第五章

左翼共産・日教組によるアジア解放史観への反論

日本共産党が主張する歴史観

本章では日本共産党＝日教組史観の破綻について論ずるが、その根拠は前述した戦勝解放論である。

帝国政府声明文に明言された〝アジア解放目的〟は戦後史を書き換える、すなわち大日本帝国の戦争目的がアジア解放であり、帝国はそれを開戦中に実現したということになると、東京裁判史観は根底から覆り、それどころか、戦勝国と敗戦国の立場が入れ替わることを意味する。なぜならアジア植民地の解放という戦争目的を達成したのは大日本帝国であり、植民地の防衛という戦争目的を喪失したのは連合国であるからだ。

著者が平成二十一年十二月二十四日よりブログ投稿を開始し、解放戦勝史観を訴え始めてから、当初の数ヶ月の間、日本共産党からの反論は凄まじいものがあった。日本共産党にすればそのよって立つところの〝大日本帝国悪玉論〟が破綻するわけであるから、大慌てである。日本共産党から著者が主張するアジア解放史観への反論を以下に紹介する。

1　大日本帝国の本音は欧米植民地を横取りしに行ったのであって、アジア解放など結果論に過ぎない。

2　戦中にビルマ、フィリピン、インドシナ各国を独立させても、軍事・外交権を日本軍が握っている以上、見せかけの独立にすぎない。

3 日本軍が育成した現地義勇軍など日本軍の傀儡軍にすぎない。

4 フィリピンは米国より独立を約束されていたから、大日本帝国陸海軍が解放しなくても、どのみち独立できた。

5 大東亜政略指導大綱（昭和十八年五月三十一日、御前会議決定）で「マライ、スマトラ、ジャワ、ボルネオ、セレベスは当面軍支配下に置き、将来的には大日本帝国の領土とする」と決定しており、当該地域を日本領へ併合しようとする野望は明白であり、独立させる気など鼻から存在しなかった事は明らかである。

6 日ソ中立条約を関特演実施により先に破ったのは日本であり、日本にソ連を非難する資格はない。

7 日本は大東亜戦争によりアジア各国に迷惑をかけた。

8 残留日本義勇兵など脱走兵に過ぎず、脱走した段階で日本軍とは何の関係もない唯の民間人であり、日本軍が独立を支援したことにはならない。

9 日本帝国主義と軍国主義こそ諸悪の根源であった。

10 アジアは独力で独立できた、日本軍の力など必要なかった。

11 大東亜戦争はパリ不戦条約に違反している。

次に前記各項目に対する著者からの反論を提示する。読者諸兄も左翼日本共産党＝日教組史観には以下の要領で反論すれば奴らは沈黙することを心得よ。

「1　大日本帝国の本音は欧米植民地を横取りしに行ったのであって、アジア解放など結果論に過ぎない」への反論

白人植民地を横取りする目的なら、占領後、各国を独立させる必要ない。日本軍は昭和十六年十二月八日に開戦して、昭和十八年八月一日に独立第一号としてビルマ国を独立させており、それに続いて昭和二十年三月までに、フィリピン、カンボジア、ラオス、ベトナム、自由インド仮政府を独立させている。開戦中におけるアジア各国の独立状況を次に示す。

独立国名：ミャンマー
独立日時：一九四三年八月一日
首班名：バー・モウ
備考：バー・モウを首班としてビルマ国が独立。大日本帝国は直ちに承認。アウン・サンをビルマ国国防相に任命。ビルマ防衛軍をビルマ国民軍に改組。ビルマ国が連合国に対して宣戦を布告。

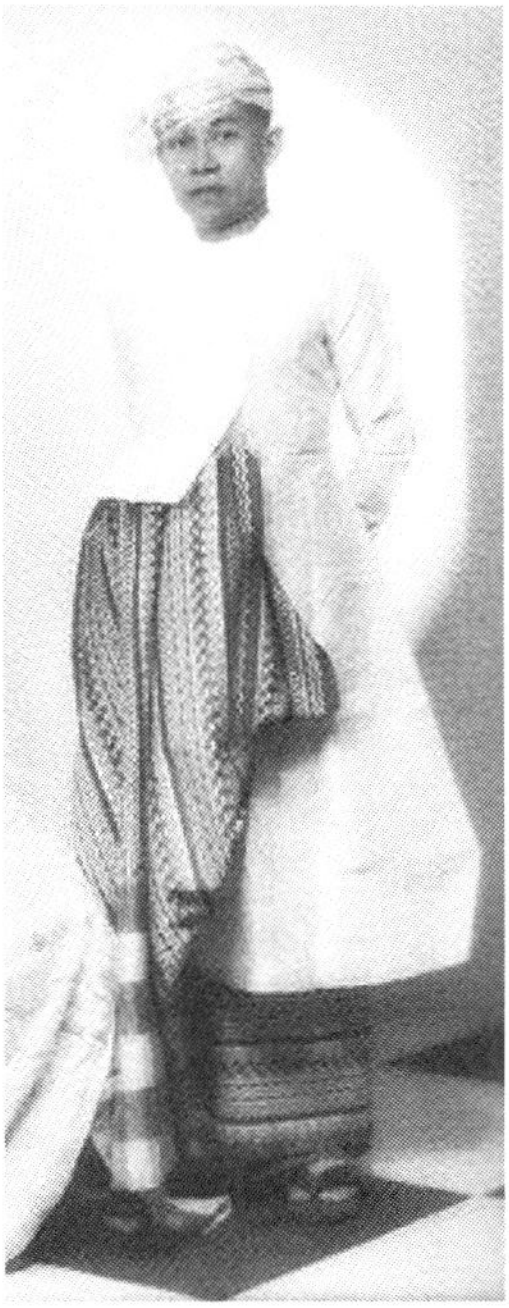

バー・モウ

独立国名：フィリピン第二共和国
独立日時：一九四三年十月十四日
首班名：ホセ・ラウレル
備考：大日本帝国はホセ・ラウレルを大統領としてフィリピン第二共和国の独立を認める。

第３代大統領
ホセ・ラウレル

独立国名：自由インド仮政府

独立日時：一九四三年十月二十四日

首班名：チャンドラ・ボース（日本政府はインド洋のアンダマン・ニコバル諸島を自由インド仮政府の領土として付与した）

備考：ドイツ亡命中のインド独立の志士スバス・チャンドラ・ボースがドイツ海軍の潜水艦U180で密かにフランス大西洋岸のブレストを出航、インド洋マダガスカル沖でUボートから日本海軍の伊号第二九潜水艦に乗り換えて東京に到着した。

Uボートから伊 29 号潜水艦に移乗して乗組員と記念撮影。下段左から二人目がチャンドラ・ボース、その右隣が伊豆艦長

独立国名：ベトナム帝国
独立日時：一九四五年三月九日
首班名：バオ・ダイ

初代ベトナム帝国皇帝
バオ・ダイ

解説：大東亜戦争末期の一九四五年三月には、前年のヴィシー政権崩壊に伴い、日本軍が明号作戦を実行してフランス軍を制圧したことを受け、フランスからの独立を宣言してベトナム帝国を樹立し、その皇帝となった。

当時の日本軍人の中には、日本へ亡命中の畿外侯クォン・デをベトナム帝国皇帝に推す者も少なくなかったが、南方総軍や第38軍はベトナム新政権へ不干渉の方針で、軍政を敷かないことや親日政権への改編をしないことを既に決定していたため、バオ・ダイは独立したベトナムの最初の元首の地位を手にした。

一九四五（昭和二十）年八月二十六日：ベトナム独立同盟会（ベトミン）が一斉蜂起、

皇帝バオ・ダイを説得して権力奪取に成功。現地日本軍はあえて事態を放置。

同年九月二日：ホーチミンがハノイにてベトナム民主共和国の独立を宣言、同時にベトナム帝国が崩壊。

初代ベトナム民主共和国首相
ホー・チ・ミン

独立国名：カンボジア王国

独立日時：一九四五年三月十二日

首班名：ノロドム・シアヌーク

解説：一九四五年三月に、インドシナ半島に進駐していた日本軍によってフランス軍が駆逐され、フランスの植民地政府が解体されると、国王シアヌークは、隣国ベトナム（バオ・ダイ）、ラオス（シーサワーンウォン）と相前後してカンボジアの独立を宣言した。シアヌークは当初ベトナムと同時に「独立宣言」をするよう調整するつもりであったが、その連絡がうまくいかず、結局はベトナムの独立から二日遅れの十三日の独立となる。カンボジアは、フランスの支配に入る前はベトナムの圧迫を受けていたため、ベトナムへ強い対抗意識を持っていた。六月にベトナムがコーチシナ等の旧フランス直轄地の回収を宣言すると、カンボジア側もコーチシナの約半分の領有を主張し、日本へ仲介を依頼している。

ノロドム・シアヌーク

独立国名：ラオス王国
独立日時：一九四五年四月八日
首班名：シーサワーン・ウォン

備考：当時のラオスは、交通不便な山地であったため、日本側の渡辺耐三領事がラオス王宮にたどり着いたのは三月二十日頃、同領事は、国王にフランス軍を駆逐したことを伝えたが、シーサワーン・ウォンは当初はこれを信じなかった。しかし、四月七日に日本軍部隊の姿を見るに到って、漸く領事の言を信じ、翌八日に「独立宣言」を発した。

ラオス王国国王 シーサワーン・ウォン

独立国名：インドネシア共和国

独立日時：一九四五年八月十七日（この日独立宣言をし、四年後に独立）

首班名：スカルノ

備考：降伏後日本軍の武器は連合国による武装解除まで日本軍が所持、また日本軍が英蘭軍進駐まで現地の治安維持に当たる事になっていたが、独立宣言後、英蘭との独立戦争は必至と見ていたＰＥＴＡ（インドネシア郷土防衛隊――日本軍により創設された現地軍）出身者を中心とするインドネシア独立軍は、日本軍が所持する武器の引き渡しを再三に渡って要求した。スマラン駐留日本軍は武器引き渡しを拒否していたが、最終的にインドネシア側が武力奪還を試み、スマラン事件が勃発した。インドネシア側に千から二千人、日本側にも二百人近い死者が出た。インドネシアでは五日間戦争として知られる。この事件以後、日本軍は独立派への武器引き渡しを黙認する姿勢を取る。

一連の騒乱の過程で、ジャワ島の旧日本軍武器のうち小銃類四万丁などがインドネシア独立派の手に渡った。スラバヤなどで正規に引き渡されたもののほか、強奪されたものや、密かに日本軍が横流ししたものなどがある。一説にはジャワ島の旧日本軍の所有兵器全体の三分の二から四分の三を独立派が入手したと言われる。これらはイギリス軍とのスラバヤの戦いなどで主要な武器として使用されることになった。


外交の世界で、〝建前〟とか〝言い訳、方便〟とされる言動および行動は語られるのみで、実現されることはない。左翼日本共産党や〝似非保守〟と呼ばれる一部保守論壇が言う通り「アジア解放など開戦のための言い訳であり建前であった」と言うなら、大日本帝国はアジアを実際に独立させる必要などなかった。欧米植民地をそのまま横取りすればよいだけだった。

大日本帝国がアジア解放を現実化したということは、日本共産党が言うように帝国政府声明に明記された「アジア解放」が言い訳、建前ではなかったことを証明している。

旧日本軍によるアジア解放は日本の自存自衛のため建て前であったと主張する〝保守擬《もど》き〟

と、その一方で、アジア解放こそが開戦目的であったと主張する真正保守がいる。著者が考えるに〝保守擬き〟の論は明らかに数理学的に間違えている。わかりやすく言うなら、アジア解放は欧米植民地主義からの解放であり、日本の自存自衛は欧米植民地主義からの自存自衛である。アジア解放においても、自存自衛においても、その敵手は欧米植民地主義である。欧米植民地主義からの解放という意味ではアジア解放と自存自衛は同義語である。簡単な式で表してみよう。

次式で（FROM）という記号は何処（から）の（から）と言う意味を表すと定義する。

式A＝（FROM）Bを例に取って説明すると。この式の意味はAとはBからのAであると定義される。

自存自衛＝（FROM）植民地主義――（1）

・意味は（自存自衛とは「植民地主義」からの自存自衛である）

植民地解放＝（FROM）植民地主義――（2）

・意味は（植民地解放とは「植民地主義」からの植民地解放である）

（1）式において

植民地主義＝自存自衛／（FROM）、

（2）式において

植民地主義＝植民地解放／（FROM）

（1）式と（2）式において
植民地主義＝植民地主義
であるから
自存自衛／（FROM）＝植民地解放／（FROM）——（3）
が成り立ち
（FROM）は両辺で共通であるから互いに消去すると
自存自衛＝植民地解放——（4）
となり、日本軍による〝日本の自存自衛〟と〝アジア解放〟は同一であると結論される。
文学的に表現すれば以下の通り。
「日本の自存自衛を図るためにはアジア解放が必須であり、アジア解放のためには日本の自存自衛が必須である」。
以上、自存自衛＝植民地解放であることを数理的に証明した。
この結論が意味するところは、すなわちアジア解放を〝建前〟や〝言い訳〟として実際には実現しなかった場合、大日本帝国の存立そのものが欧米植民地主義によって脅かされたことを意味する。よってアジア解放は建前や言い訳ではあり得ず、自存自衛のための確たる開戦目的だったということである。共産党が唱える「建前論」「言い訳論」こそ後づけだったということである。

外務省検討会議「緬甸（＝ビルマ）独立援助に関する件」議事録

昭和十五年九月十二日といえば開戦からほぼ一年と三ヶ月前であり､明らかに戦前である。昭和十五年が戦前であったことを読者諸兄におかれてはまずは確認されたい。確認できない者はこの後の議論にはついて来れないであろうから、ただちにここから立ち去っていただきたい。

日本共産党とその仲間の左翼新聞、いわゆる「進歩的文化人」、「見せかけの戦勝国」すなわち「疑似戦勝国」にすぎない米国が戦後になって宣伝したプロパガンダ歴史観に「アジア解放建前論」「アジア解放後づけ論」「アジア解放結果論」という「アジア解放虚構論三点セット」が存在する。

日本共産党と疑似戦勝国である米国は戦前のわが国を悪党とすることに余念がない。もし大日本帝国がアジア解放の英雄であったなら、その英雄に追われていた日本共産党は敵役の悪党と見なされるゆえ、大日本帝国を悪党としなくては立つ瀬がなくなるのである。

古来「ヒーローに弾圧されるのは悪党である」と相場は決まっている。例えば、ちょっと古いが、仮面ライダーに対する悪党はショッカーであり、ウルトラマンに対する悪党はバルタン星人である。大日本帝国の場合、敵役の悪党は日本共産党であった。

共産党は大日本帝国の基盤たる立憲君主制と議会制民主主義を暴力革命によって破壊しよ

う と党是に書き込んであったから攻撃された。攻撃されて当然である。共産党は自分たちが弾圧されたと大日本帝国を非難するが、それでは話があべこべである。実相は共産党が大日本帝国を暴力革命をめざして弾圧していたから、仕返しに弾圧されただけである。それゆえ共産党弾圧は正しい。現在でも継続すべき弾圧である。

疑似戦勝国である米国にとっても大日本帝国を悪党としなくてはならない理由があった。そうしなくては米国という理念国家が立ちゆかなくなるからである。もし、日本がアジア解放の英雄国家であったら、米国は大日本帝国が目指したアジア解放を核兵器まで使って阻止しようとした悪党国家と見なされてしまうし、またフィリピンという虎の子の植民地を英雄国家日本に粉砕されたただの間抜けにされてしまうからである。このように、日本共産党左翼と〝疑似戦勝国家＝米国〟には戦前の日本を悪党と決めつけなくてはならない必然性があるのである。

悪党である共産党と米国が大日本帝国を悪人化して自分たちを正当化しようとすることは、彼らが正真正銘の悪党であるからして理解できるが、わが国には諸外国の保守論壇ではあり得ない不可思議が一つ存在する。それは左翼共産党のみならず、保守論壇にも「アジア解放虚構論三点セット」を唱える輩が多く見られるという現実である。保守論客のなかにも「アジア解放は後づけだった」、「アジアの独立は結果論だった」、「自存自衛のためにアジア解放を建前として利用した」などとあからさまに発言する保守論客が後を絶たない。

日本保守の基本歴史観は「敗戦侵略史観」であり、著者は侵略自虐史観に塗れる保守論壇を「敗戦自虐保守」と命名した。

本章は彼ら共産党左翼と敗戦自虐保守の諸君にとってはきわめて残念な歴史分析結果を報告することになる。「アジア解放虚構論三点セット」そのものが虚構であり後づけであったことが論理的に証明されてしまったのである。

その人が拠って立って生きてきた歴史観を覆されることほど苦痛に満ちたことはない。しかし、誠に残念なことであるが、著者には時代を先へ進める義務があり、この真実を明らかとしなくてはならない。共産日教組左翼と敗戦自虐保守の皆様におかれては本章を読了後「アジア解放虚構論三点セット」を放棄するよう切にお願いしたい。

次の資料は国立国会図書館アジア歴史資料センターから昭和史研究家の八巻康成氏が発掘したものである。大東亜戦争関係緬甸問題「緬甸《めんでん》独立と日緬同盟条約締結関係」に関する資料集である。この資料集のなかに「緬甸独立援助に関する件」という記録文書（レファレンスコード：B02032946200）を見いだせる。「文書番号０４６３　緬甸独立援助に関する件」を資料５に示す。

この文書はビルマ現地で昭和初期から長年にわたって独立支援を行ってきた国分正三氏が諜報活動その他の支援活動を理由に英国官憲により国外追放処分となり、帰朝したことを受け、昭和十五年九月十二日に外務本省にて開かれたビルマ独立運動現況報告並びにビルマ独立工作に関する検討会の結果を抄録したものである。
国分正三氏については本文末にウキペディアより引用し紹介する。
文書番号０４６３には次のごとく会議内容の要録が示されている。

緬甸独立援助に関する件
昭和十五年九月十二日
レファレンスコード
B02032946200

外務省に於て陸軍（高山中佐）、参本（村上中佐）、軍令部（松水中佐）、外務省（与謝野欧二課長、笠原事務官、中川事務官、他一名の事務官）など関係者が参集した。最近緬甸より追放処分に附せられ帰朝したる国分正三を交へて、国分起草の緬甸独立企画草案を基礎として種々本件対策につき協議した結果、大体以下のごとき意見の一致を見た。

一、緬甸独立援助は原則的に適当と認められる。
二、緬甸は英国牽制の為の媒略を行う国としては諸般の情勢を鑑みるに最適地と考えられる。
三、緬甸の親日傾向及び反英傾向を考慮すれば、緬甸に於て独立連動を起さしめ、かつそれを成功に導くことは必ずしも難しいことではない。問題は独立後それを維持できるかどうかの点にあり。緬甸人のみにては当分独立維持の能力はなく、独立維持は日本の兵力に依存するを要するゆえ、日本にして緬甸に援兵を派遣するしかないが、まずは如何にして援兵を派遣すべきかを議論すべきである。しかして緬甸独立問題は対仏印及泰国問題と密接不可分の関係にあるゆえ、緬甸独立援助問題も対仏印及泰国問題等と一連の関係に於いて考察されるべきである。

四、我が国が緬甸の独立を積極的に援助し得る態成を整えずして、もっぱらに緬甸に於て独立運動を起来させるならば、折角蜂起せる緬甸愛国の志士をして犬死させることになり将来に禍根を残すであろう。

次に資料6の文書番号０４６４に国分正三起案の緬甸独立企画草案が示され、資料7の文書番号０４６７ではビルマの独立蜂起に必要な武器弾薬兵員とその搬入ルートまで具体的に次のように記載されている。

当面必要とする武装：

小銃：五〇〇〇丁（機関銃含む）

実包：一〇〇万発

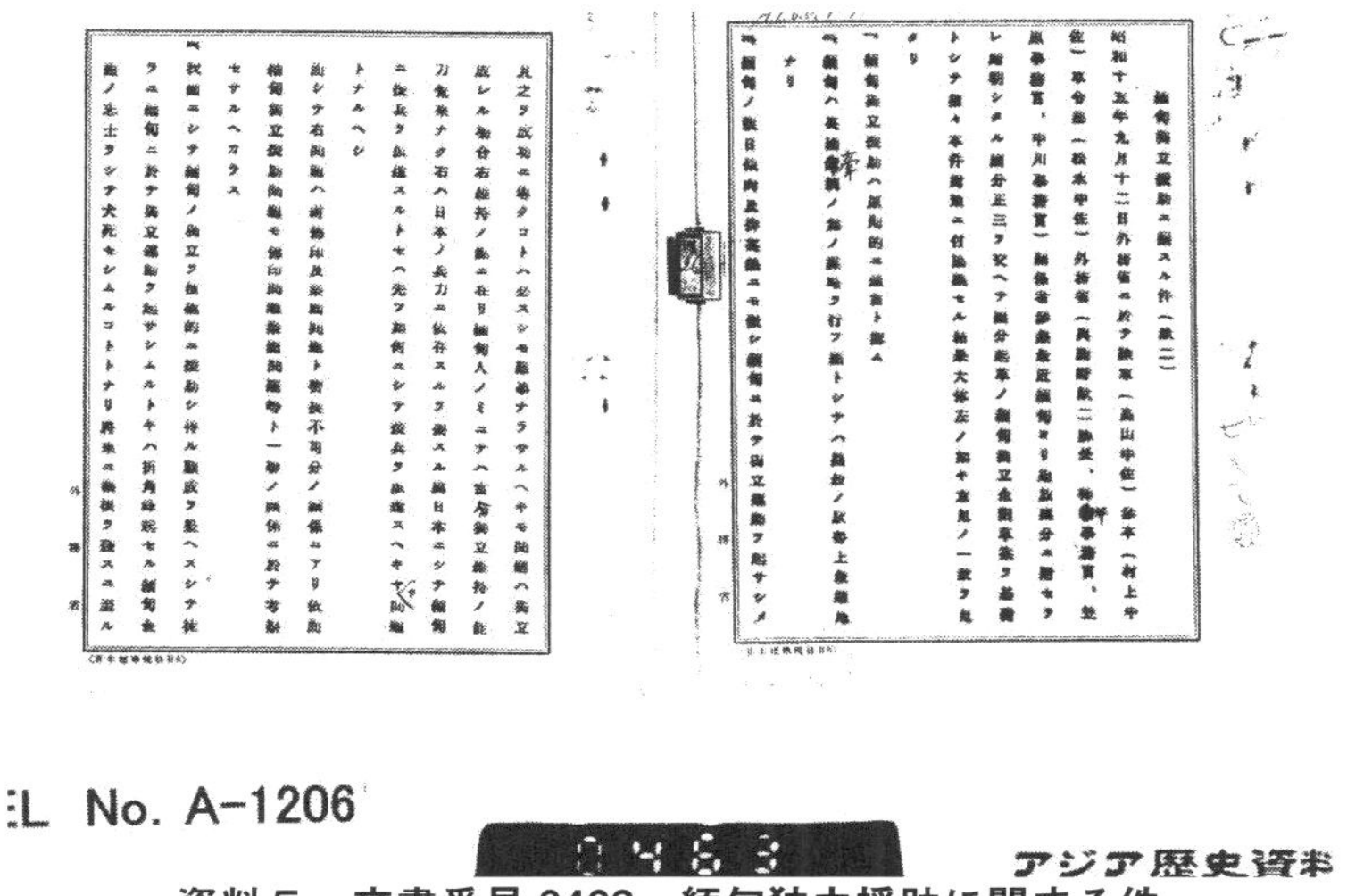

資料５　文書番号0463　緬甸独立援助に関する件

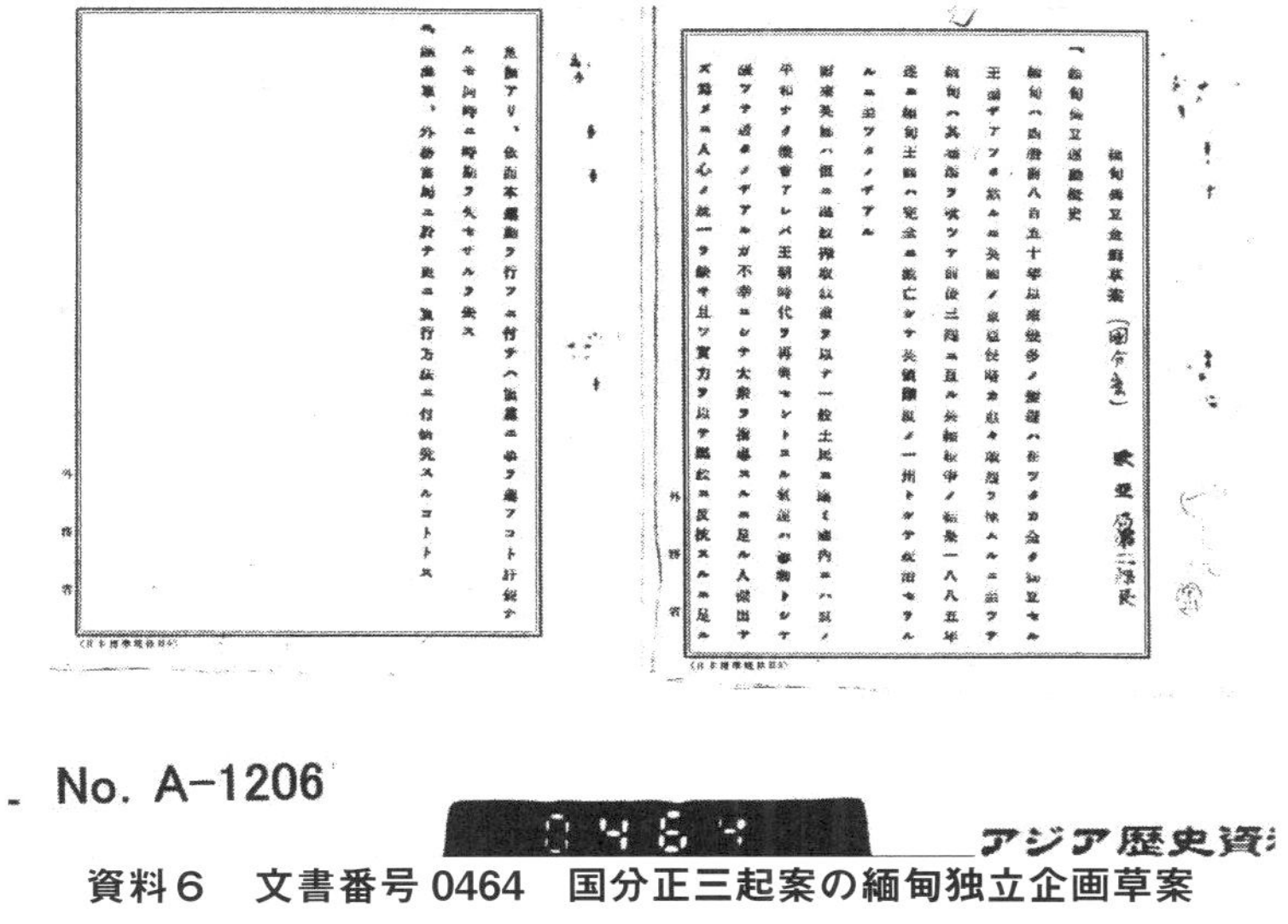

資料６　文書番号0464　国分正三起案の緬甸独立企画草案

手榴弾：若干
短波無線機および操作人員
紙幣：一〇〇万ルピー
歩兵：一ヶ大隊と若干の補助部隊
武器の搬入ルートについてはビヤポン河口、デデヤ河口など、輸送船は数十トン規模。

さらに資料８の文書番号０４６８では、当時の親英政権であるウプー内閣を倒し、反英活動を続けてきたバーモウ、ウバペーなど独立派による連立内閣を樹立すべきであるとし、国際情勢を考慮しながら一九四〇年十月ないし十一月に決起するとしている。指導本部はラングーン、支部をモールメン、バッセン、マンダレーの三ヶ所に置き、ビルマ国民への啓発についても次のように提案されている。

一、新内閣の樹立に呼応して新聞などメディアを動員して大衆を啓発する。
二、僧侶達を動員して各家庭を訪問させ国民の支持を獲得する。

資料９の文書番号０４１５は昭和十六年一月七日付で陸軍参謀総長杉山元から陸軍大臣東条英機宛に送られたビルマ工作要員の増員に関する要望書である。本文書によればビルマ工

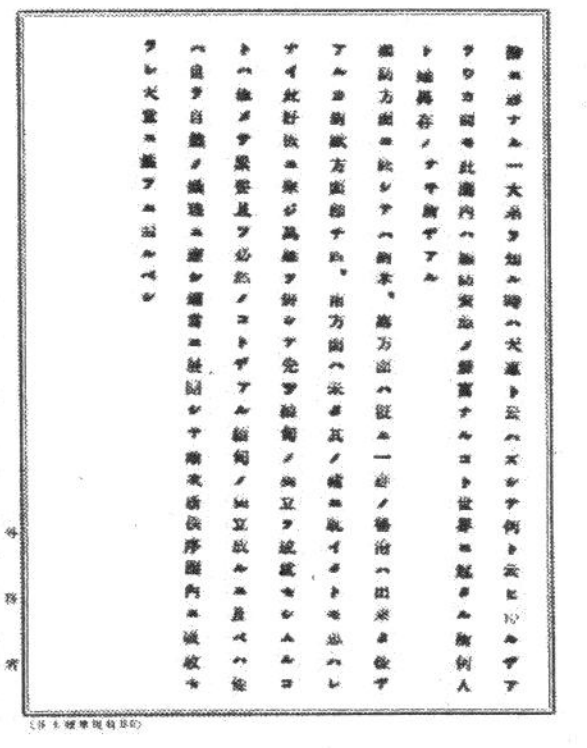

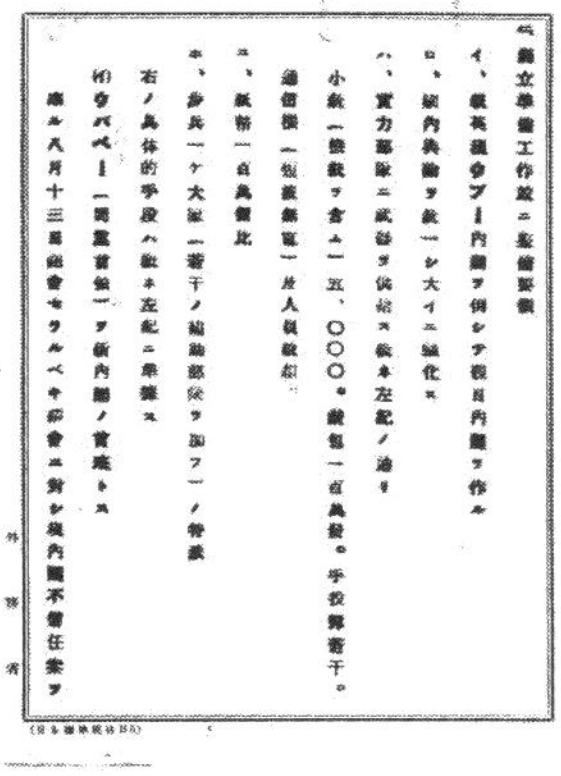

REEL No. A-1206

0467

アジア歴史資

資料7　文書番号 0467　ビルマの独立蜂起に必要な武器弾薬兵員と搬入ルート

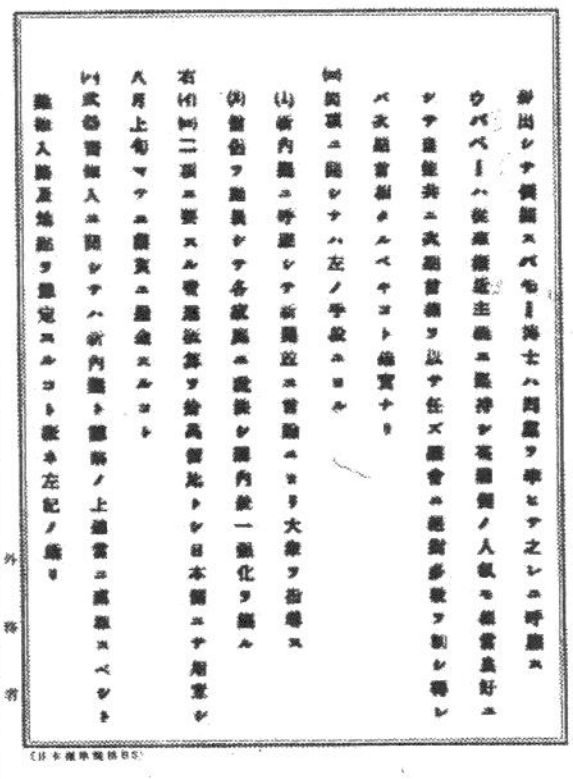

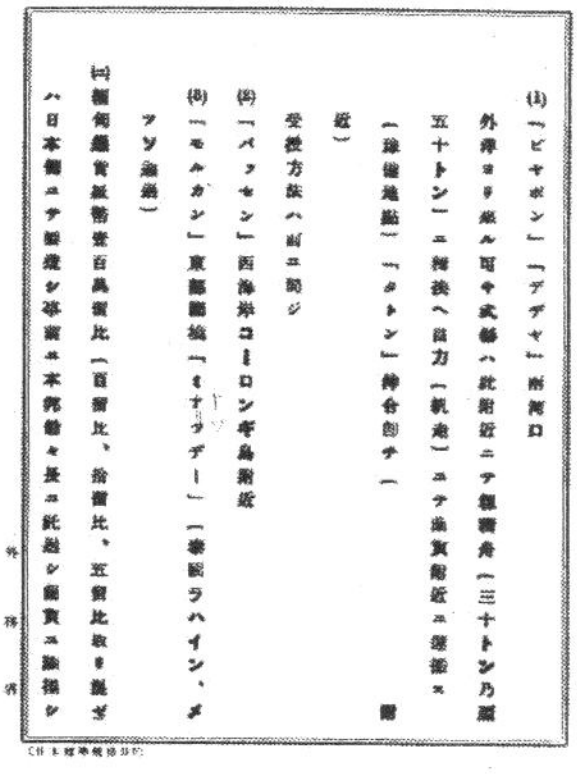

REEL No. A-1206

0468

アジア歴史資

資料8　文書番号 0468　クーデター要領

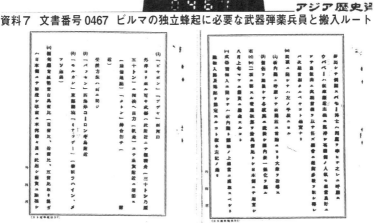

作要員として陸軍大佐一名、尉官五名の増員を要求しているが、この陸軍大佐はビルマ独立工作を担当した特務機関である南機関を主導した鈴木敬司大佐（機関長）であろうと思われる。南機関の発足は昭和十六年二月一日であり、上記増員要望書の時期と一致する。文書内で尉官五名の増員が必要とされているが、南機関発足時の人員構成を調べてみると以下の通りである。

陸軍―佐官一名
　鈴木敬司大佐（機関長）
尉官五名
川島威伸大尉、加久保尚身大尉、野田毅中尉、高橋八郎中尉、山本政義中尉
（この中で川島大尉、加久保大尉、山本中尉の三名は陸軍中野学校出身）

海軍―佐官三名
児島斉志大佐、日高震作中佐、永山俊三少佐

民間―四名
国分正三（海軍予備役大尉）、樋口猛（陸軍中野学校出身・上海特務機関員）、杉井満（興亜院）、水谷伊那雄（満鉄調査部）

たしかに陸軍からは一名の左官と五名の尉官が派遣されており、昭和十六年一月七日付要望書に一致する。それゆえ資料番号０４１５は翌月二月一日に迫った大本営直轄機関である南機関の正式発足に向けた要望書であったことは確実である。

　これら人員のなかで着目すべきは野田毅中尉である。野田中尉は南京攻略戦の際に毎日新聞がでっち上げた「百人斬り競争」という冤罪のため戦犯として逮捕・処刑された、あの野田少尉と同一人物である。野田は南京作戦の後広東作戦に従軍、その後南機関員としてビルマ独立工作に従事していた。

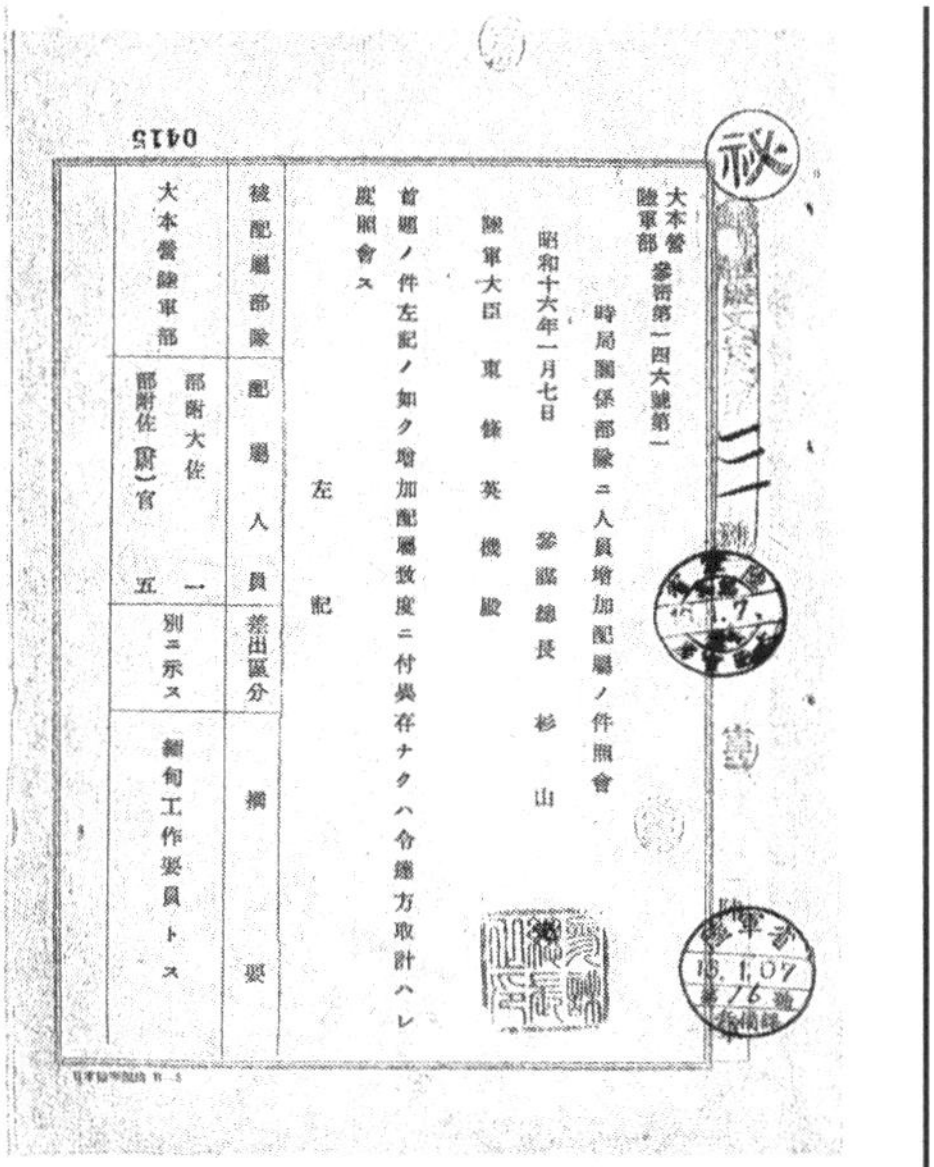

0415

大本營陸軍部　參密第一四六號第一

時局關係部隊ニ人員増加配屬ノ件照會

昭和十六年一月七日　參謀總長　杉山

陸軍大臣　東條英機殿

首題ノ件左記ノ如ク増加配屬致度ニ付異存ナクハ令達方取計ハレ度照會ス

左記

被配屬部隊	配屬人員		差出區分	摘要
大本營陸軍部	部附大佐	一	別ニ示ス	緬甸工作要員トス
	部附佐(尉)官	五		

アジア歴史資料センター
Japan Center for Asian Historical Records
http://www.jacar.go.jp/

資料９　文書番号0415　ビルマ工作要員の増員に関する要望書

　これは著者による推測であるが、処刑の理由は虚構の「百人切り競争」などではなく、ビルマ独立に加担したことに対する英国からの報復であったであろうと思われる。鈴木大佐ら他の加担者には戦犯としてのこじつけすら見出すことができず、訴追を断念したのである。処刑前における野田大尉の遺書と経歴を文末に参考として挙げておく。涙せずには読みとれない。

参考（ウィキペディアより）

野田毅（陸軍軍人）

略歴

鹿児島県南大隅郡田代村（現・肝属郡錦江町）出身。野田伊勢熊の４人兄妹の長男。鹿児島県立第一鹿児島中学校（現・鹿児島県立鶴丸高等学校）卒業、陸軍士官学校第49期。

１９３７年に起こった日中戦争には、第16師団第９連隊第３大隊の副官として参加（階級は陸軍少尉）。南京への進軍中に歩兵砲小隊長・向井敏明少尉との間で行われた「百人斬り競争」が『東京日日新聞（現毎日新聞）』に報道される。その後、歩兵科から航空科に転科し、広東作戦に参加。この時の模様は、火野葦平『海と兵隊』『広東進軍抄』に描写されている。

１９３９年５月19日、『東京日日新聞（現毎日新聞）』によって向井中尉は戦死した野田中尉との約束である五百人斬りの約束を実行していると報道された。この時、野田は生存しており日本にいた。

太平洋戦争が始まると、ビルマ（現ミャンマー）独立のための特務機関である南機関に配属となる。後にビルマ国軍の顧問になる。敗戦時は浜松の航空基地にいたが、熊本第

6師団決起の情報を基に九州へ向かうものの、飛行場が閉鎖されたため着陸できず、唐津海岸に不時着した。

１９４７年夏、南京への進軍中の百人斬り競争の報道をきっかけに、戦争犯罪の容疑者としてGHQに逮捕される。鹿児島県の警察署に拘留された後、巣鴨拘置所へ、さらに中国・南京戦犯拘留所に移送される。12月４日、住民捕虜虐殺としての「百人斬り競争」の容疑者として起訴。

12月18日、南京軍事法廷において最初の公判が行われ、東京日日新聞（現毎日新聞）の記事と写真、後に国民党宣伝工作員となったハロルド・J・ティンパーリがその記事を殺人競争という章で紹介した英文書籍等が証拠とされ、証人尋問は行われなかった。向井と野田は無実を証明する書類の到着を待つために公判の延期、また問題の記事を書いた記者と当時の直属の上官の証人召喚を求めていたが認められなかった。その時に、記事は新聞記者による創作であると弁明した。死刑判決後にも記者と当時の向井の上司からの証明書などにより再審を求めたがこれも認められなかった。

１９４８年1月28日、南京の雨花台において銃殺刑が執行された。享年35。野田の名は東京日日新聞の記事が間違った通りに「野田巌」として裁判が進められ、刑も執行された。

自筆の遺書が１９４８年（昭和23年）1月28日処刑当日の日記に残されているので紹

介する。

死刑に臨みての辞世

此の度中国法廷各位、弁護士、国防部各位、蒋主席の方々を煩はしましたる事に就き厚く御礼申し上げます。

只俘虜、非戦闘員の虐殺、南京屠殺事件の罪名は絶対にお受け出来ません。お断り致します。死を賜はりましたる事に就ては天なりと観じ命なりと諦めて、日本男児の最後の如何なるものであるかをお見せ致します。

今後は我々を最後として我々の生命を以つて残余の戦犯嫌疑者の公正なる裁判に代へられん事をお願ひ致します。

宣伝や政策的意味を以って死刑を判決したり、面目を以て感情的に判決したり、或は抗戦八年の恨みをはらさんがため、一方的裁判をしたりされない様に祈願致します。

我々は死刑を執行されて雨花台に散りましても貴国を怨むものではありません。我々の死が中国と日本の楔となり、両国の提携の基礎となり、東洋平和の人柱となり、ひいては世界平和が到来する事を喜ぶものであります。何卒我々の死を犬死、徒死たらしめない様に、それだけを祈願致します。

中国万歳

日本万歳

天皇陛下万歳

野田毅

参考（ウィキペディアより）

南機関発足

ビルマに関しては、１９４０年当時、日本海軍がラングーン在住の元海軍大尉国分正三を通じて早くから情報収集に努めていた一方で、日本陸軍が持っていた情報は無きに等しかった。鈴木大佐は活動開始にあたって上海の特務機関員であった樋口猛、興亜院の杉井満、満鉄調査部の水谷伊那雄らに協力を要請した。

１９４０年6月、鈴木大佐は日緬協会書記兼読売新聞特派員「南益世」の偽名を使ってラングーンに入り、タキン党員と接触した。そこで鈴木大佐はオンサンたちがアモイに潜伏していることを知り、彼らを日本に招くことを決意する。11月、オンサンたちはアモイの日本軍特務機関員によって発見され日本に到着した。鈴木大佐はオンサンに「面田紋二」、ラミヤンに「糸田貞一」の偽名を与えて郷里の浜松にかくまった。

オンサンたちの来日を契機として、陸海軍は協力して本格的な対ビルマ工作を推進することを決定する。１９４１年2月1日、鈴木大佐を機関長とする大本営直属の特務機関「南機関」が正式に発足した。さしあたり対外的には「南方企業調査会」との偽称を用いることとした。発足時の主要メンバーは次の通りであった。
陸軍―鈴木敬司大佐（機関長）、川島威伸大尉、加久保尚身大尉、野田毅中尉、高橋八郎中尉、山本政義中尉（川島大尉、加久保大尉、山本中尉は陸軍中野学校出身）
海軍―児島斉志大佐、日高震作中佐、永山俊三少佐
民間―国分正三、樋口猛（中野学校出身）、杉井満、水谷伊那雄

「30人の同志」

鈴木大佐は南機関の本部をバンコクに置き活動を開始した。南機関の任務は、世界最強のイギリス情報機関を相手として、日本の関与をいささかも漏らすことなく謀略を成功させるという極めて困難なものであった。南機関は次のような行動計画を立てた。

ビルマ独立運動家の青年30名を密かに国外へ脱出させ、海南島または台湾において軍事訓練を施す。

訓練終了後、彼らに武器、資金を与えてビルマへ再潜入させ、武装蜂起の準備をさせる。武装蜂起の時期は１９４１年６月頃とする。

１９４１年2月14日、杉井とオンサンの両名に対し、ビルマ青年の手引きを命ずる作戦命令第一号が発出された。両名は船員に変装して、ビルマ米輸送の日本貨物船でラングーンへ向かい、第一陣のビルマ青年４名の脱出を成功させた。以後６月までの間に、

海路及び陸路を通じて脱出したビルマ青年は予定の30名に達した。この30名が、後にビルマ独立の伝説に語られることになる「30人の同志」である。

4月初旬、海南島三亜の海軍基地の一角に特別訓練所が開設され、ビルマ青年が順次送り込まれて過酷な軍事訓練が開始された。ビルマ青年たちのリーダーはオンサンが務めた。訓練用の武器には中国戦線で捕獲した外国製の武器を準備するなどして、日本の関与が発覚しないよう細心の注意が払われた。グループに比較的遅れて加わった中にタキン・シュモンすなわちネ・ウィンがいた。ネ・ウィンは理解力に優れ、ひ弱そうに見える体格の内に凄まじい闘志を秘めていた。ネ・ウィンはたちまち頭角を現し、オンサンの右腕を担うことになる。

ビルマ独立義勇軍誕生

やがて1941年の夏が来た。ビルマでの武装蜂起の予定時期となっていたが、国際情勢は緊迫の度を深めていた。6月22日にナチス・ドイツがソ連へ進攻したのを機に、日本でもソ連を攻撃すべしとする北進論が唱えられ、陸軍は関特演を発動して7月に満州に大兵力を集結したが、結局ソ連との戦闘は起きなかった。一方で、東南アジアの資源地帯を抑えるべしとする南進論が唱えられ、7月末に南部仏印進駐を進めた。この進駐に対してアメリカは在米日本資産凍結、対日石油禁輸という強硬な経済制裁を発動した。

このような情勢下、ビルマでの武装蜂起の予定にも軍中央から待ったがかけられた。先行きの見えない状況に、ビルマ青年たちも焦りの色を濃くした。

10月、三亜訓練所は閉鎖され、ビルマ青年たちは台湾の玉里へ移動した。その頃日本は対米英開戦に向けて動き出していた。10月16日近衛文麿内閣総辞職。後を継いだ東條英機内閣は11月1日の大本営政府連絡会議で帝国国策遂行要領を決定。11月6日、南方作戦を担当する南方軍以下各軍の編制が発令された。南機関も南方軍の直属とされ、本部は南方軍司令部と同じサイゴン（現在のホーチミン）へ移された。

12月8日、日本はアメリカ、イギリスへ宣戦布告し太平洋戦争が開始される。開戦と同時に日本軍第15軍（軍司令官：飯田祥二郎中将、第33師団および第55師団基幹）はタイへ進駐した。南機関も第15軍指揮下に移り、全員がバンコクに集結、南方企業調査会の仮面を脱ぎ捨てタイ在住のビルマ人の募兵を開始した。

12月28日、今日のミャンマー軍事政権の源流とも言うべき「ビルマ独立義勇軍」（Burma Independence Army, BIA）が宣誓式を行い、誕生を宣言した。鈴木大佐がＢＩＡ司令官となり、ビルマ名「ボーモージョー」大将を名乗った。ＢＩＡには「30人の同志」たちのほか、将校、下士官、軍属など74名の日本人も加わり、日本軍での階級とは別にＢＩＡ独自の階級を与えられた。発足時のＢＩＡの兵力は１４０名、幹部は次の通りであった。

司令官‐ボーモージョー大将（鈴木大佐）

参謀長―村上少将（野田大尉）
高級参謀―面田少将（オンサン）
参謀―糸田中佐（ラミヤン）
参謀―平田中佐（オンタン）
ダヴォイ兵団長―川島中将（川島大尉）
水上支隊長―平山大佐（平山中尉）

ビルマ進攻作戦

日本軍第15軍はタイ進駐に引き続きビルマへの進攻作戦に移った。開戦間もなく先遣部隊の宇野支隊（第55師団歩兵第１４３連隊の一部）がクラ地峡を横断し、ビルマ領最南端のビクトリアポイント（現在のコートーン）を12月15日に占領した。さらに宇野支隊は海上を島伝いに北上したが、これは陽動で、第15軍主力はタイ・ビルマ国境のビラウクタウン山脈を一気に越える作戦を立てていた。すなわち、沖支隊（第55師団歩兵第１１２連隊の一部）がタイ領内カンチャナブリからダボイ（現在のダウェイ）へ向かい、第55師団主力および第33師団はラーヘン付近に集結してモールメン（現在のモーラミャイン）からラングーンを衝く作戦である。ＢＩＡも水上支隊、ダボイ兵団、主力の３隊に分かれて日本軍に同行し、道案内や宣撫工作に協力することになった。

沖支隊は1月19日タボイを攻略、第55師団主力は1月31日モールメンを攻略、第33師団は2月4日パアーンを攻略した。日本軍とＢＩＡの前進とともにビルマの独立運動はすさまじい勢いで進展し、青年たちはわいわいがやがやとＢＩＡへ身を投じた。英印軍第17インド師団はビルマ東部の大河サルウィン川とシッタン川を防衛線としていたが、2月22日、逃げ遅れた友軍を置き去りにしたままシッタン川の橋梁を爆破して退却した。ＢＩＡはこれを追って2月26日、日本軍主力に先立ちシッタン川を渡河した。さらにＢＩＡ水上支隊はイラワジデルタに上陸して英印軍の退路をかく乱した。

3月7日英印軍はラングーンを放棄し脱出、3月8日第33師団がラングーンを占領した。次いでＢＩＡも続々とラングーンへ入城した。このときＢＩＡの兵力は約1万余まで増加していた。3月25日、ＢＩＡはラングーン駅前の競技場で観兵式典を行った。オンサンを先頭にした4、500名のＢＩＡの行進に、ラングーン市民は熱狂した。

ビルマ中部および北部にはなお英印軍と中国軍が展開していたが、日本軍は占領したシンガポールから第18師団と第56師団をビルマへ増援し、ビルマ全域の攻略を推進した。第56師団は4月29日ラシオを占領し、援蒋ルートを遮断した。英印軍と中国軍は日本軍に追い立てられ、疲労と飢餓に倒れ、多くの捕虜を残してアッサム州と雲南省へ向けて退却した。5月末までに日本軍はビルマ全域を制圧した。

軍中央との対立

この間、ビルマへの独立付与をめぐって、南方軍および第15軍と南機関との間に対立が生じていた。鈴木大佐は一日も早くビルマ独立政府を作り上げることを念願とし、オンサンたちに対しても早期の独立を約束していた。オンサンたちも、ビルマに進入しさえすれば当然に独立は達成されるであろうと期待していた。

ところが、南方軍および第15軍の意向は、彼らの願いを根底から覆すものだった。南方軍参謀石井秋穂大佐は次のように述べている。

作戦途中に独立政権を作ると、独立政権は作戦の要求に圧せられて民心獲得に反するような政策を進めねばならなくなり、日本軍との対立が深まる。

形勢混沌たる時機には、民衆の真の代表でない便乗主義者が政権を取る結果になることもありうる。

独立政権の樹立には反対しないが、まずは単なる行政担当機関を作らせ、軍司令官の命令下に管理するのが順序である。

結局、軍中央を動かしていったのはこうした筋の見解だった。鈴木大佐以下南機関のメンバーたちは、次第に軍中央の方針に反発し、事と次第によっては反旗を翻すことを仄めかすようになった。オンサンたちも日本軍を不信視し、不満の念を高めていった。

5月13日、マンダレー北方のモゴク監獄から脱出していたバー・モウが日本軍憲兵隊によって発見された。これまでオンサンもビルマの指導者としてバー・モウを推奨していたこともあって、第15軍はバー・モウを首班とする行政府の設立準備を進めることとなった。6月4日、飯田軍司令官はビルマ軍政施行に関する布告を発し、中央行政機関設立準備委員会を発足させた。

南機関消滅

北部ビルマ平定作戦が終了した時点でBIAの兵力は2万3千人に達していた。急激な膨張の一方で、烏合の衆的な傾向も強まり、幹部の統制を逸脱して悪事を働く者も出てきていた。こうした中、南方軍および第15軍では、BIAを一旦解散し、その中から選抜した人員をもって正規軍を作るべきとする結論に達した。

同時に、南機関の任務も終わり、その活動を閉じる時機となっていた。鈴木大佐に対しては6月18日付をもって近衛師団司令部付への転属が命じられた。鈴木大佐はBIAの総指揮をオンサンへ委譲したのち、7月15日、ラングーン発内地へ向かった。その他の機関員も各所に転属となり、ごく一部は新しく誕生するBurma Defence Army, BDA（ビルマ防衛軍、ビルマ国防軍）の指導要員として残留することになった。

その後

１９４３年８月１日、ビルマはバー・モウを首班として独立し、ＢＤＡはBurma National Army, BNA（ビルマ国民軍、ないしビルマ国軍）と改名した。１９４４年８月、ＢＮＡ、ビルマ共産党、人民革命党などによって「反ファシスト人民自由連盟」（ＡＦＰＥＬ）が結成された。

１９４５年５月、オンサンは連合軍のルイス・マウントバッテン司令官と会談し、ＢＮＡがビルマ愛国軍（Patriot Burmese Forces, PBF）と改称した上で連合軍の指揮下に入ることで合意した。その後オンサンは軍を去ってＡＦＰＥＬ総裁に就任し、イギリス政府との交渉をはじめとする独立問題に専念することになった。だがオンサンは１９４７年７月に暗殺され、ウ・ヌーがＡＦＰＥＬ総裁を引き継いだ。１９４８年１月４日、ビルマはウ・ヌーを首班として独立を達成した。

１９６２年３月２日、ビルマ軍はクーデターを決行し、司令官ネ・ウィンが大統領に就任した。ネ・ウィンの率いる軍事政権は議会制民主主義を否定して「ビルマ式社会主義」を打ち出した。ネ・ウィンは１９８８年の民主化要求デモの責任を取って辞任し、２００２年に死去した。

前記資料に見られる限り、開戦前から日本軍特務機関はアジア独立に深く関わっていたことは明白なる歴史的事実であり、大日本帝国がその明白なる意志として、アジア地域の解放を志していたことは確実である。侵略、簒奪することのみが意志であったのなら、現地独立派を支援する必要などない。

開戦前からの陸軍特務機関の活躍はアジア解放が左翼の言うような〝後づけ〟ではなかったことを裏づけている。後づけどころか先づけだったのである。

「2　戦中にビルマ、フィリピン、インドシナ各国、自由インド仮政府を独立させたとしても、軍事・外交権を日本軍が握っている以上、見せかけの独立にすぎない」への反論

日本共産党からの〝反論〟に反論することは簡単である。答えは簡単である。

「たとえ見せかけの独立でも、植民地のままでいるよりはましである」ということである。なぜなら、少なくとも現地独立活動家（ビルマではア・ウンサン、フィリピンではホセ・ラウレルなど）は日本軍によってつくられた内政府内で発言することが可能となったからである。白人植民地時代には考えられなかったことである。また、白人を〝御主人様〟と呼び、何かにつけて白人の前に跪《ひざまず》く必要もなくなった。

もう一度言おう。見せかけの独立でも、植民地時代よりはましなのである。独立国家として外国から承認を受けることができたのだから。

また、日本軍が外交防衛権を堅持することは当然である。独立仕立てで、官憲の育成もままならない新生国家を放置すれば、旧宗主国が舞い戻り再植民地化されることは目に見えている。実際、戦後、旧宗主国は続々と舞い戻ってきたが、日本軍が育成した現地独立軍と残留日本義勇兵が抵抗しなければ、易々と再植民地化されたことであろう。

「3　日本軍が育成した現地義勇軍など侵略軍である日本軍の傀儡補完軍にすぎない」への反論

東南アジアへ〝植民地解放〟を掲げて進攻した日本軍はただちに現地人による軍事組織の編成に取りかかった。一九四二年六月二十九日、帝国陸軍省は南方軍に対し、東南アジア住民の武装化を指示した（大陸指１１９６号）。その結果、東南アジア在住のインド人らによるインド国民軍、アウン・サンらビルマの民族主義者らによるビルマ国民軍が設立された。インドネシア郷土防衛義勇軍の結成は遅れて一九四三年十月三日となった。

日本共産党は大東亜戦争を旧大日本帝国陸海軍による侵略戦争であると断定しているが、日本軍を侵略軍であると規定すると、現地民族独立軍も侵略軍であるという矛盾が発生する。

旧大日本帝国陸海軍が白人からの独立のため育成して、実際に戦中から大日本帝国陸海軍と共に白人と戦った現地軍を以下に紹介する。

チャンドラ・ボース麾下のインド国民軍

インド国民軍（インドこくみんぐん、Indian National Army、略号:INA）は、太平洋戦争（大東亜戦争）中に日本軍の支援によって設けられた、英印軍の捕虜の転向者を中心としたインド人部隊。

当初は日本軍がマレー作戦を優勢に進めるための補助戦力としてゲリラ部隊的な色彩も強かったが、インド独立運動の英雄の1人であるスバス・チャンドラ・ボースが来日し、イギリス領インド進攻作戦が具体的に検討され始めてから次第に重装備化され、本格的な軍隊となった。大本営の南方作戦に当初にはインドを攻略する計画は含まれていなかったが、現地で工作支援に当たったF機関によってインド独立を考えていた。（ウィキペディアより）

スカルノ、ハッタらのインドネシア郷土防衛義勇軍

郷土防衛義勇軍（きょうど ぼうえい ぎゆうぐん、Tentara Pembela Tanah Air、略称ＰＥＴＡ「ペタ」）とは、太平洋戦争期、１９４３年10月、日本軍政下におかれた東インド（現在のインドネシア）のジャワで、民族軍として結成された軍事組織である。同様の組織は、バリ島、スマトラ島、マレー半島でも結成された。

日本の敗戦後、１９４５年８月19日付で解散されたが、この郷土防衛義勇軍出身のイ

ンドネシア人が、その後のオランダとの独立戦争（インドネシア独立戦争）で、インドネシア側の武装勢力で中心的な役割を担った。

なお、その軍旗は、緑地に赤い太陽、三日月と星（イスラームのモチーフ）が染め抜かれていた。（ウィキペディアより）

アウン・サンらのビルマ国民軍（ビルマ独立義勇軍から改編）

ビルマ国民軍（ビルマこくみんぐん、Burma National Army, BNA／ビルマ語：ဗမာ့အမျိုးသားတပ်မတော်）あるいはビルマ国軍は、第二次世界大戦中に日本の指導下で「ビルマ国」の国軍として編成された軍事組織である。ビルマの戦いにおいて日本軍に協力することが期待されたが、枢軸国が劣勢になるとビルマ国政府に対して反乱を起こし、日本軍とも戦闘した。戦後のミャンマー軍の前身とみなされている。（ウィキペディアより）

・マカピリ（Makapili）

太平洋戦争（大東亜戦争）中にフィリピンで日本を軍事支援していたフィリピン人による組織。日本側の正式呼称は比島愛国同志会である。１９４４年12月、フィリピン第二共和国（ホセ・ラウレル政権）統治下のフィリピンで発足した。その幹部には、米比戦争でフィリピン軍を指揮したアルテミオ・リカルテや、独立運動家のベニグノ・ラモスなどが就いた。旧ガナップ党員などの親日派民兵（フィリピン・ガード）を集成して総兵力5000名と称し、主にアメリカ極東陸軍からの鹵獲兵器である各種小火器で武装していた。フィリピン第二共和国はわずかな大統領親衛隊を除いて軍隊を持たなかったため、マカピリが日本軍に協力する現地武装組織の中核だった。フィリピンの戦いに参加した。（ウィキペディアより）

日本共産党の主張によると、これらの現地軍事組織も旧大日本帝国陸海軍という侵略軍の一部であったことになる。

式で表すと

現地独立軍＝大日本帝国陸海軍＝侵略軍――（1）

ということになる。

なんと、

現地独立軍＝侵略軍――（2）

という、あり得ないことになってしまう。

独立とは侵略から解放されることである。独立を認めては侵略は成り立たない。（2）式は、明らかに相反する概念が同じものであると言うわけであるから科学的に誤った式である。すなわち次式と同類である。

矛《ほこ》＝盾《たて》――（３）

（３）式を矛盾と呼ぶ。

矛盾が発生した原因はどこにあるのであろうか。

原因は（１）式の後半部分である。

旧大日本帝国陸海軍＝侵略軍――（４）

旧大日本帝国陸海軍を侵略軍としたから矛盾が生じたのである。（１）式が次に表す式であれば矛盾は発生しない。

旧大日本帝国陸海軍＝独立軍――（５）

（４）式を（１）式の後半に組み込む。

現地独立軍＝旧大日本帝国陸海軍＝独立軍――（６）

（６）式が科学的事実である。

現地日本軍が陸軍省からの通達――大陸指１１９６号に基づき、現地に編成した民族軍は独自の指揮系統を有する現地軍であり、日本軍の傀儡ではない。

「4　フィリピンは米国より独立を約束されていたから、大日本帝国陸海軍が解放しなくても、どのみち独立できた」への反論

「米国はフィリピン独立を約束していた」だから大日本帝国陸海軍が独立させなくても、どのみちフィリピンは独立していたというのは仮定・推量・憶測でしかない。

たしかに、米国は一九三四（昭和九）年フィリピン独立法＝タイディングス・マダフィー法の成立に伴い十年後のフィリピン独立を認めた。しかしこれは単なる予定に過ぎず、実現したわけではない。米国の都合により、その後取り消されることも十分あり得る話である。米国による独立など仮定・推量・憶測の範囲を出ない議論である。

一八九八年に起きた米西戦争において米国はフィリピン独立派に対し、米国に味方すれば戦争に勝利した後、独立を認めると約束したが、戦後その約束を反故にし、フィリピンを植民地化しようとした。それに対抗して一八九九年一月二十一日に独立派はエミリオ・アギナルド将軍を初代大統領として、フィリピン第一共和国を建国した。しかし米国はその独立を認めず、武力弾圧を開始したため米比戦争が勃発した。この戦争で米軍は八十万人以上のフィリピン人を虐殺し、フィリピン第一共和国は消滅した。その結果フィリピンの独立は大東亜戦争で日本軍が侵攻するまで持ち越された。

大日本帝国が東亜大陸において開戦目的をすべて実現したということは、米英など連合国

は東亜大陸の戦いにおいて大敗北を期していたと言うことである。

米国はフィリピンという虎の子の植民地を失い、フランスはインドシナ半島の植民地を失い、大英帝国は崩壊した。米国が大東亜戦争において得たものは原爆使用という「人道への罪」と太平洋のいくつかの小島の領有、それと稚拙なる憲法の押しつけであり、失ったものは植民地フィリピンである。

写真１　鈴木達三陸軍大佐と３人のフィリピン独立活動家（1943 年 8 月 14 日パンパンガ州マガランにて）

写真1は帝国陸軍内にてフィリピン独立工作を担当していた鈴木達三陸軍大佐と三人のフィリピン人独立活動家の写真である。この写真が撮られたのは一九四三年十月十四日、場所はフィリピン、パンパンガ州マガラン市である。この日フィリピン第二共和国は正式に独立し、大日本帝国により独立国家として国家承認された。

写真内で番号1が鈴木達三大佐。

写真内番号2番はセレシーノ・アバド氏でフィリピン独立連盟の指導者であ

り、米比戦争ではマニラ地区の指揮官を担当していた。

写真内番号3はホセ・カバング氏である。米比戦争では一八九八―一九〇一年のあいだラグーナ州で独立軍の将軍であり指揮官で会った。

写真内番号4はリカルド。ヘレッラ氏で米比戦争の時独立軍の少年兵として戦った。

写真2は『パセオの戦い』。米比戦争を描いたアメリカ合衆国の絵画である。この戦いはアメリカ合衆国が勝利し、フィリピンは米国の植民地とされた。

一九四二年五月在比米軍を降伏させた日本軍は直ちに独立準備を独立派に命じ、翌年の十月十四日ホセ・ラウレルを大統領としてフィリピン第二共和国を発足させ、国家承認を与えた。

大日本帝国陸海軍は「一九四三年十月十四日、ホセ・ラウレルを大統領としてフィリピンを独立させた」というのは歴史的事実である。

日本共産党は歴史的事実を仮定・推量・憶測を持って否定するという愚を犯す。これを科学の世界で例えれば、「ニュートンなど居なくても、どのみち万有引力は発見された」とか、「アインシュタインなんかいなくても、どのみち特殊相対論は発見された」と明言するに等しいことである。ニュートンやアインシュタインと同様の頭脳を持った天才科学者が、現れる保証がどこにあると言うのであろうか?

このように、左翼日本共産党は敗戦・自虐・蔑日・懺悔史観を守るためには、「推測、推

写真２　パセオの戦い

量、論点すり替え」を繰り返さなくてはならない。それは彼らが拠り所とする〝敗戦・自虐・蔑日・懺悔史観〟というものが、もともと虚構だからである。一度嘘をつくと、その嘘を正当化するためには、嘘の上塗りをしなくてはならないのである。

「米国はフィリピンを独立させたはずである」と言うが、その確証はどこにあるのか。未来に起きるか起きないかわからないことを起きると確定するなど不可能である。「来年の話をすれば鬼が笑う」との諺通り、未来を確定することなど物理的に不可能なのである。なぜなら現時点で未来は製造されていないからだ。

「5　大東亜政略指導大綱（昭和十八年五月三十一日、御前会議決定）で『マライ、スマトラ、ジャワ、ボルネオ、セレベスは当面軍支配下に置き、将来的には大日本帝国の領土とする』と決定しており、当該地域を日本領へ併合しようとする野望は明白であり、独立させる気など鼻から存在しなかった事は明らかである」への反論

「マライ、スマトラ、ジャワ、ボルネオ、セレベスを将来的に帝国領土とする」という方針は日本軍が侵略意図を持っていたことの証しであるから怪しからんと言うわけである。米国によるフィリピン独立方針という空約束を肯定しながら、大日本帝国による併合方針を否定するという矛盾した思考を行っているのである。なぜなら、いずれも方針に過ぎなく、現実化などされていない、虚構にすぎないからである。唯の方針に過ぎないものを善だの悪だの決めつけることに歴史的に何の意味があるのだろうか？

次に併合行為の善悪について論じてみよう。

日本共産党には侵略と併合の区別がつかない。侵略とは、進攻して収奪、略奪の限りを尽くすことをいう。それに対して併合とは自国領土に組み込むことにより、当該地域を内国化することを意味し、内国化するということは、国内の自治体と同様の地位と権限を与えることを意味する。併合とは進攻による植民地化、すなわち侵略とは全く異なる概念なのである。他家へ押し入って、家族ごと奴隷として売り払うのを侵略とすれば、家族ごと保護、扶養す

ることを併合と呼ぶくらいの違いがある。日本共産党はここでも侵略と併合という、それぞれの意味を互いに入れ替え、大日本帝国を貶めようと躍起である。

日本共産党にすれば自分たちを弾圧していた、大日本帝国が正義の味方であっては困るのだ。それを認めると、正義のヒーローに弾圧されていた自分たちは、唯の悪党ということになるからである。実際、日本共産党（日本共産党とその分派の総称）は「天皇制」打倒を目論む悪党であったから、特高警察、憲兵により弾圧された。日本共産党弾圧は正しい行為であったのだ。現在でもやるべきことである。

さて、日本領土に併合するのは「悪である」として、大日本帝国を貶めようとする共産党・日教組にお訊きたい。

併合して何が悪い？

当該地域住民または政府が独立を望まず、大日本帝国への併合を望む場合、併合して何が悪い？

朝鮮は当時の韓国首相である李完用の要請により、大日本帝国領へ併合した。その結果、朝鮮半島はロシア帝国による植民地化を逃れ、近代化を達成した。同じく日本に併合された台湾住民は今でも大日本帝国に併合され近代化されたことを感謝している。

もう一度日本共産党に訊こう、併合して何が悪い？

大東亜政略指導大綱（昭和十八年五月三十一日、御前会議決定）によるマレー、ジャワ、スマトラ地域の日本領土への併合方針が悪であると断定する前に、日本共産党が成すべき作業は、併合が悪であるのか善であるのかという設問に答えることである。

すべての併合を悪であるとするなら、米国によるテキサス、ニューメキシコ、カリフォルニア、ネバダ、ユタ州など旧メキシコ領土の分捕り併合を非難しなくてはならないし、日本共産党が神様と仰ぐ独裁者〝スターリン〟によるポーランド併合も非難しなくてはならない。なんと〝スターリン〟は日本共産党が忌み嫌うファシストである〝ヒトラー〟と結託してポーランドを分割、併合したのである。

実現などされてもいない、大日本帝国によるマレー、ジャワ、スマトラ地域の日本領土への併合方針を非難しておきながら、なぜ米国によるメキシコ領土略奪、スターリンによるポーランド分割併合を非難しないのですか、日本共産党さん？

米国、英国、ソ連による現実に起きた他国併合を非難せずに、大日本帝国による現実には起きていない併合意図を非難するというのは、大日本帝国のみを貶めようとする意図が見えである。

日本共産党による恣意的な貶め行為をもう一つ紹介しよう。

一九四四年九月七日、内閣総理大臣・小磯國昭は第八十五帝国議会において、東インド（インドネシア）の将来的独立を約束する小磯声明を発表した。

小磯声明の原文は「帝国ハ東『インド』民族永遠ノ福祉ヲ確保スル為メ、将来其ノ独立ヲ認メントスルモノナルコトヲ茲ニ声明スルモノデアリマス」である。口語訳すると「大日本帝国はインドネシア民族に永遠の福祉を確保するため、将来その独立を認めることを此処に宣言します」。

小磯声明を受けて、海軍武官府では、代表の前田精少将を中心として独自に「独立養成塾」が設置され、その運営のすべてがインドネシア人に委ねられることになり、西部ジャワの貴族出身の弁護士で、独立後の初代外務大臣となったスバルジョが代表に就任した。この養成塾では、民族主義者が集い、スカルノが政治史、ハッタが経済学、シャフリルがアジア史と社会主義の講義を担当するなど、活発な議論が交わされた。

小磯声明後、スカルノらは民族主義勢力の圧力を背景に、慎重な態度ながらも、インドネシア独立準備委員会の設置を、たびたび日本軍へ訴えることになった。そして、一九四五年三月、インドネシアに対して独立準備調査会の設置を許可することになった。正式の発足は五月である。

独立準備調査会では、スカルノやハッタらが中心となって独立後の憲法を審議し、日本政府によるインドネシア独立方針の決定を受け、八月七日にはついにスカルノを主席とする独立準備委員会の発足が正式に発表され、第一回会議が八月十八日に開催される予定で、正式な独立宣言を九月に予定していた。しかし、日本軍の助言により、独立宣言は急遽八月十七日にスカルノ私邸で行われた。

日本共産党はなぜ小磯声明を無視するのか？

大東亜政略指導大綱（昭和十八年五月三十一日、御前会議決定）からわずか一年と三ヶ月後、日本政府は小磯声明を発表し、インドネシアの独立を加速し、現地に独立準備委員会を設置した。その結果、インドネシアは一九四五年八月十七日に独立宣言を行うことができた。

もう一度日本共産党にお聞きしたい。どうして小磯声明を隠蔽して、大東亜政略指導大綱のみを取り上げるのか？

日本共産党は大日本帝国を貶めるために都合の悪い歴史的事実を隠蔽し、自分たちに都合のよい情報のみを取り上げる。でも、バカだからすぐにばれる。

「6　日ソ中立条約を関特演実施により先に破ったのは日本であり、日本にソ連を非難する資格はない」に対する反論

関特演とは関東軍特別演習の呼称である。関東軍特殊演習と呼ぶこともある。

関東軍特別演習とは、一九四一（昭和十六）年七月に満蒙国境警備、ソ連軍進攻阻止を名目に、関東軍の兵力を増強し、独ソ戦に呼応した対ソ牽制行動である。実際に軍事演習をしたわけではない。

日本政府は一九三九年夏に勃発したノモンハン事変の結果、在満日本軍は満洲国防衛に

は不十分と判断し、既存兵力（九五式軽戦車、軽装甲車等の車輌約九十輌、航空機約五十機、兵員約二十八万名）を、戦闘車両約三百輌、軍馬約四百頭、人員などの増強を行い七十四万以上の大兵力とする事に成功した。

戦後、日本共産党はこの関東軍の増強を、日ソ中立条約に違反する行為として、ソ連軍による対日参戦（一九四五年八月九日）を条約違反として非難する権利は日本側にはないと、ソ連スターリンを擁護した。その主張者は後に東京都知事に就任する美濃部亮吉という「キリギリス」のような顔をした男である。このキリギリスはスターリンに「そう言え」と命じられたからそう言った。言うことを聞かないとモスクワからの給金が途絶えるからだ。

要するに、最初に日ソ中立条約を破ったのは日本であるから、ソ連に何をされようと日本側にソ連を非難する資格などないという論理である。

関東軍特別演習において日本軍が行った行為は戦力増強であって、ソ満国境を越えたことなど一度もない。ということは、日本軍が日ソ中立条約を破ったことにはならない。日本共産党はその御主人様であるソ連共産党による不法行為を〝正義の行為であった〟と真実をねじ曲げるため、またも日本を悪者に仕立て上げたのである。

中立条約とは、互いに国境を越えて進軍はしないという条約である。満洲国防衛を条約によって任せられていた大日本帝国が満洲国内において、どのような演習を行おうと日本の勝手である。

日ソ国境を先に越えてきたのはソ連である以上、日ソ中立条約を先に破ってきたのはソ連である。実際、ソ連は昭和二十年八月八日深夜、駐モスクワ日本大使に対し翌年まで効力があるとされた日ソ中立条約の一方的破棄と宣戦布告を伝えており、史実はソ連側による一方的不法行為であったことを証明している。

歴史的事実の隠蔽、捏造、曲解により、独裁者であり、虐殺者であるスターリンを弁護するとは、日本共産党はスターリンと同類であることを自ら証明している。美濃部キリギリスはスターリンの忠実なるポチ犬なのである。

「7　日本は大東亜戦争によりアジア各国に迷惑をかけた」への反論

日本共産党が得意とする言説に「旧大日本帝国陸海軍はアジア各国に迷惑をかけた」というものがある。この言説ほど日本共産党のデタラメさを言い表す文章はないであろう。なぜなら「子供が生まれてから親が生まれた」という科学的にあり得ないことを言っているのと同じことだからである。

日本軍進攻前のアジア地域に各国など存在しなかった。存在したのは白人植民地ばかりであった。完全独立国家と言えるのは、大日本帝国、タイ国、チベット、半植民地というべき存在は、支那、東トルキスタン。それ以外の地域はすべて完全に白人植民地であった。

アジア各国が誕生したのは、大日本帝国がアジアへ進攻し、白人たちをアジアから追い出した後である。すなわち、大日本帝国陸海軍が進攻したからアジア各国が生まれたのであり、すでに生まれていた各国に日本軍が進攻したわけではない。日本軍進攻こそがアジア各国誕生の生みの親であるのに、親より先に子が生まれる筈などあるわけがない。

日本共産党の常套手段は自分たちの歴史観を正当化するためには、タイムマシーンのように時代の前後を入れ替えることである。左翼日本共産党の論理が科学的に正しければ、子供が生まれてから、親が生まれることも科学的に可能となる。

宇宙空間では時間を前後で差し替えることは不可能である。もしもSF映画のようにそのようなことが可能となれば、時代を遡って、自分を生む前の親を殺害することも可能となる。しかし、その行為は自らの存在を抹消するわけであり科学的矛盾を発生させる。それゆえ、過去に遡って物事をなすなどということは不可能なのである。というわけで、タイムマシーンの存在など科学的に否定されるのである。現に、未来から来たという確たる科学的証拠を有する未来の人類になど出合ったことはない。

タイムマシーンなど未来永劫存在しない。そんなものが発明されては、宇宙が宇宙である意義はなくなる。空間を自由に移動できて、さらに時間も移動できると成ると宇宙空間など必要なくなるであろう。他の銀河へ移動したければ、銀河が近隣で密集していたビッグバン直後の昔にタイムマシーンで移動して、ひょいと隣の銀河に乗り移ればよい。そんなことを簡単にされては宇宙様はお困りになるのである。

日本共産党論理の非科学性は底なしであるが、著者のような物理学者にかかれば、かくの如く意図も簡単に論破されるのである。

「8　残留日本義勇兵など脱走兵に過ぎず、脱走した段階で日本軍とは何の関係もない唯の民間人であり、日本軍が独立を支援したことにはならない」への反論

これも日本共産党特有の論理展開である。彼らはベトナムやインドネシアで現地独立軍と共に旧宗主国軍と戦った残留日本義勇兵が日本軍の一部であっては困るのだ。なぜなら、そうなると日本軍はアジア解放の英雄となり、その英雄に弾圧摘発されていた日本共産党は唯の悪党になってしまうからだ。

日本共産党は前述の通り、「子が生まれてから親が生まれる」というアインシュタイン先生もビックリする、時間の前後入れ替えというトリックを使った。さて、今度は軍籍がないからそれは日本兵ではないというトリックをつくりあげようとしている。

戦後におけるアジア各国の独立に旧日本軍が協力していたことが認められると、日本共産党はその存立基盤を失う。アジア解放の英雄は日本軍であり、英雄たる日本軍のその憲兵に追われていたのが日本共産党であったからだ。

結論から言うと、現地日本軍は敗戦前からアジア独立に邁進していたし、現実に日本軍は六ヶ国を戦中に独立させている。戦争中にその民度や首狩族らによる部族争いなどが原因で日本軍が独立を実現できなかったインドネシアでは、戦中に郷土防衛軍（ペタと呼ばれる）が設立され、戦後になって宗主国であるオランダ軍が戻ってくると、ペタ出身者は抵抗運動の主体となって独立戦争を勝ち抜いた。ペタ出身者からなる独立軍を作戦指導したのが残留日本義勇兵である。祖国への復員を拒否し、アジア独立に身を投じたのは、日本軍が開戦目的はアジア解放であることを個々の兵隊に教え込み、また兵たちもそれに応えて行動していたからである。

「アジア解放のためにベトナムまで来て、負けたからと言っておめおめ帰れるか」。

あるベトナム残留日本義勇兵の言葉である。

ポツダム宣言受諾により米英蘭仏軍に降伏し、武器弾薬を〝戦勝国軍〟へ引き渡す予定であった日本軍は、ベトナムでもインドネシアでも、武器保管庫を無施錠とすることにより、現地民族軍へ武器を引き渡した。インドネシアでは三万丁もの軽火器が民族軍へ渡ったという。また、降伏後、現地日本軍は脱走して民族軍に加わった兵士の軍籍離脱を敢えて黙認し、憲兵隊による摘発を行わなかった。日本軍は降伏後もアジア独立のための協力を惜しまなかったのである。脱走しようがしまいが、軍籍を離脱しようがしまいが、日本兵は日本兵である。それとも、脱走扱いになったから日本兵ではないと言うなら、日本兵ではないが、〝日本人の兵隊〟と呼べばよいのであろうか。いずれにしても、アジア独立の仕掛け人は日本軍であったことを示しているから、日本共産党が言うところの「日本軍が独立を支援したことにはならない」という指摘は間違いである。

「9　日本帝国主義と軍国主義こそ諸悪の根源であった」への反論

日本軍はアジアを解放し植民地隷属下にあった地域を次々に独立させた。帝国主義とは武力によって他国を侵略隷属させ、植民地とすることを意味する。まさに大英帝国が地球上の広い範囲で行ってきたことを大英帝国の〝帝国〟を取って〝帝国主義〟というのである。

植民地を解放することを帝国主義とは言わない。それは植民地解放主義と呼ぶべきである。帝国主義とは真逆の行為（植民地解放）を行った大日本帝国を帝国主義と断ずるなら、その前に日本共産党は〝帝国主義〟という言葉の意味を再確認した方がよい。

次に〝日本軍国主義〟という語彙についてであるが、これは日本共産党のみならず、所謂〝白人疑似戦勝国〟が大日本帝国を貶めるために使用する常用単語となっている。

サムライの国は遍く〝軍国主義〟なのである。武士道を国家レベルに押し上げると軍国主義となる。日本は鎌倉幕府開府以来、武士が政を執り行ってきた。政治が武士道に基づくことは当たり前ではないか。日本という国は鎌倉以来、軍国主義の国なのである。何が悪い！

日本の軍国主義が悪であると言うなら、英米は軍国主義ではないのであろうか？

戦争中、英米に言論統制や情報隠蔽はなかったのだろうか？

国家というものは存亡の危機に直面すると国民の自由を制限するのが常である。それを軍国主義というなら英米も軍国主義国家となる。何も日本だけが非難される筋合いはない。

第一、軍国主義から日本を解放するという〝触れ込み〟で進駐してきたGHQこそ、その専制ぶりを見る限り〝軍国主義〟ではないか。米英、そして日本共産党に軍国主義を批判する資格などないことは明らかである。日本共産党こそ党内軍国主義ではないか。

「10　アジアは独力で独立できた、日本軍の力など必要なかった」への反論

二者択一という言葉がある。AとBという事象があれば、いずれか一方を選択しなくてはならない。両方を選択するとか、両方とも選択しないということは許されないという意味である。

欧米白人国家は数百年にわたって植民地支配を行ってきた。それに対して大日本帝国はアジア解放を旗印に掲げて進攻し、目的通りアジアを植民地から解放した。

日本共産党の論理は大日本帝国陸海軍悪者論を基盤にしなくては成り立たないから、大日

本帝国陸海軍を侵略者として規定する。ところが、ここで大きな論理的矛盾が発生する。大日本帝国陸海軍が侵略者ということになると、白人国家は侵略を受けた披侵略者ということになる。日本共産党がいうところの〝大日本帝国陸海軍の侵略行為〟を〝悪〟とするなら、白人による植民地支配は〝善〟であるということになる。

日本共産党の論理は白人による植民地支配を論理的に肯定する結果となるのである。この論理的矛盾を突かれると日本共産党は次のように反論する。「白人植民地を肯定などしていない。大日本帝国陸海軍が進攻しなくても植民地住民は独力で独立を勝ち取ったはずである」。

「はずである」という予測、希望的願望を此処でも左翼日本共産党は使う。科学の世界で希望的観測などというのは何の価値もない。「林檎は木から落ちるかも知れない」では引力の法則を確立できないからである。

ガリレオやコペルニクスが「地球は太陽の周りを廻っているかもしれない。いや、そのはずである」と実証実験もせずに語るのと同じことである。そんなことではいつまで経っても地動説が認定されることはなかった。数百年間にわたる植民地支配の間、現地人たちは何度も独立の火の手をあげたが、ことごとく白人が持つ近代兵器の前に潰されてきた。棒きれ、弓矢、ナタ、斧、槍では勝てないのである。

ビルマの小学校では子供たちに教師がこう教えている。

「日本軍が来るまでにもビルマ人は何度もイギリス人に対して立ち上がった。しかし、いずれも英軍に潰されてしまった。その理由は簡単である。ビルマ人は手近なナタや斧で戦った。それに対して大日本帝国陸海軍はイギリス人と同じ武器で戦った」。

棒きれしか持たない現地人が、独力で独立を勝ち取ることなど、当時の常識ではあり得ないことなのである。日本共産党はここでもあり得ない虚構を捏造している。現地人に独立の力がないとしたら、残されるのは外部からの力を導入することである。その外部からの力が大日本帝国陸海軍だったのだ。

A＝「アジアを白人植民地のまま捨て置く」か、それともB＝「進攻して解放する」か、当時は二者択一しかなかったのである。AとBを同時に選択すれば、〝植民地のまま捨て置きながら進攻して解放する〟という矛盾が生じる。AとBを両方選択しなければ〝植民地のまま捨て置かずに解放もしない〟という矛盾が生じる。

二者択一しかない状況で大日本帝国陸海軍によるアジア解放を否定することは白人による植民地支配を肯定することである。日本共産党は白人植民地を肯定しているのである。論理的にはそうなる。日本共産党の底知能は底なしである。

以上、著者なりに日本共産党史観を論破してみた。賢明なる読者諸兄であればもうお気づきであろう。

日本共産党歴史観とは捏造、妄想、推測、推量、隠蔽、非科学性、時間軸交換の塊である。

百二十パーセント嘘の塊である。日本共産党による〝必死なる嘘の上塗り〟は著者が唱える戦勝国論に対して多くの自信を与えてくれた。

それは、

1　戦勝国論が日本共産党にとってのアキレス腱であることを、彼らが自ら実証してくれた。

2　精神的に植民地化されてしまった日本人を救う道は歴史的事実であるところの戦勝解放論しかない。

という現実である。

現在、アジア・アフリカ諸国は破竹の勢いで経済発展を遂げている。それは大日本帝国がアジア解放戦争を戦い、アジア・アフリカの白人植民地を独立させ、さらに戦後日本は自ら貧しいにも拘わらず、アジア・アフリカ諸国へ膨大な経済技術援助を行ってきたからである。また、近年は日本の企業が工場進出し、現地における生活の向上に役立っている。

欧米白人による収奪の場であったアジアとアフリカは、今繁栄の渦中に飛び込み、まさに大東亜共栄圏が実現された。

日本共産党歴史観への著者による批判以降、しつこく反論をよこしていた日本共産党の党員たちは沈黙してしまった。どう屁理屈をこね回しても解放戦勝史観には勝てないことを悟ったのであろう。日本共産党は歴史捏造が得意である。ただし頭が悪いからボロが出る。

「11　大東亜戦争はパリ不戦条約に違反している」への反論

パリ不戦条約とは一九二八（昭和三）年、フランスのブリアン外相と、アメリカ合衆国のケロッグ国務長官の提唱で、十五ヶ国（のち六十三ヶ国）によって調印され、国際紛争解決の手段として戦争に訴えないことを取り決めた条約である。条約の趣旨はよいのだが、あまりに現実離れしているため、まずは米国が脱落した。

米国は、自衛戦争は禁止されていないとの解釈を打ち出した。また、米英はたとえ国境の外であっても国益にかかわることで軍事力を行使しても、それは侵略ではないと留保。さらに米国は、自国の勢力圏とみなす中南米に関しては、この条約が適用されないと図々しくも宣言した。

米国は中南米で戦争を起こしてもパリ不戦条約に違反しないと解釈し、英国は世界中で戦争を起こしてもパリ不戦条約に違反しないと決めつけた。

不戦条約侵犯第一号はソ連だった。昭和四年（一九二九）、満洲の張学良政権はハルピンのソ連領事館捜索で共産革命計画の証拠を押収したのを理由として、東支鉄道の実力回収に踏み切った。それに対し、ソ連は空陸両軍をもってソ満国境を越え、満洲を侵略した。アメリカ、イギリス、フランス、イタリアは自分のことを棚に上げて不戦条約に基づきソ連に抗議したが、ソ連はソ連軍の満洲侵攻は「自衛行動」だとして開き直った。

一方、その二年後の満洲事変において、日本は関東軍の行動は自衛のためであると主張したが、アメリカはやはり自分のことを棚に上げて日本が不戦条約に違反しているとして非難した。リットン報告書も日本の自衛論を否認した。

ソ連は満洲事変の二年も前に不戦条約を破って自衛の名の下に侵略を行っていたにもかかわらず、〝疑似戦勝国〟は東京裁判で満洲事変以降の日本の政策を侵略と断罪したわけである。東京裁判が〝インチキ〟と呼ばれる所以の一つがこのパリ不戦条約の適用だったのである。東京裁判の検事キーナンは、日本が昭和三年（一九二八）から支那侵略を開始したので太平洋戦争は十五年戦争だと言ったが、なぜこんな見方が出るのかというと、それはこのケロッグ・ブリアン条約が発効したあとに満洲事変が発生したからである。

白人国家には調印し批准しても適用されないが、有色人種の国日本には厳格に適用されるというこのパリ不戦条約を擁護する日本共産党・日教組は白人植民地主義者の補完勢力に過ぎないことを自ら暴露しているのである。

第六章

歴史の是非を検証する

歴史事象の前後を人為的に入れ替えることにより大東亜戦争の正当性を検証できる

日本共産党・日教組が歴史事象を前後で入れ替えて悪用し、歴史経過を捏造するという話は、「子供が生まれて親が生まれた」として7項目で紹介した。しかし、この「時代の前後を入れ替える」という手法を日本共産党のように悪用すれば、歴史改竄の手段となるが、使い方によっては歴史事象の善悪判定に使用することが可能となることを紹介しよう。より正確に言うなら、事象後の状態を事象前の状態へ現実的・実力行使によって戻すという行為が、当該諸国民に受け入れられるかどうかを検証すればよいということである。

前述したように、歴史事象の前後を人為的に入れ替える。すなわち、日本のありあまる外貨を使って、旧宗主国に旧植民地へ戻ってきてもらおうと、現日本政府が提案した時、旧宗主国と旧植民地各国はそれを受け入れるかどうかを検証すれば、大東亜戦争の正当性を検証できる。そんな提案を行えば、旧植民地各国はただちに旧宗主国との戦争準備に入るであろうし、旧宗主国は再植民地化戦争など二度と御免であると、その腰を引かせるであろう。

独立したアジア諸国民にとって日本軍による独立化という行為が迷惑であったのなら、戦後舞い戻ってきた旧宗主国の軍隊にあそこまで抵抗したのであろうか。日本軍統治時代が忌まわしき悪夢であり、宗主国様による統治時代が極楽であったのであれば、アジア諸国民は宗主国軍隊による再占領を歓迎こそすれ、独立戦争を開始するはずなどあるまい。とくに、インドネシア、ベトナムでは数百万人もの地元民が犠牲となる苛烈な独立戦争が戦われ、数千人の元日本兵も戦死している。アジアの人たちには二度と白人の植民地には戻らないという確固たる信念が日本軍統治下で醸成されたし、その信念を教え込んだのが日本軍であった。そして、日本軍は地元民族軍へ数万丁の火器、数百両の軍用車両、歩兵躁典・軍人勅諭の現地語訳本、指導教官・前線指揮官となる数千名に上る〝脱走日本兵〟を与え復員した。

大東亜戦争の是非を決めるのは戦地となったアジアの住民たちである。戦地となったアジア全域で世論調査を行い、戦前の欧米植民地時代と日本軍軍政から独立へいたる戦中戦後のどちらを是とするのかを問えば、自ずから答えは明らかとなる。場合によっては、反日で名高いシナ人、朝鮮人すら日本統治時代の方がよかったと答えるであろう。

大日本帝国陸海軍が来た、そうしたらアジアは独立し民族自決は完成した。これが歴史経緯なのであって、何人もこの事実を消し去ることはできない。

日本共産党・日教組こそ歴史と向き合え

支那、韓国、北鮮の特亜三国は日本人に対して、口癖のように「歴史的事実と向かい合わなくてはいけない」と要求してきたが、真摯に歴史的事実に向かい合えば、帝国政府声明文にたどり着き、その解析結果は「アジアを解放したのは大日本帝国である」という事実に外ならない。

支那について言えば、毛沢東はスターリンの、蔣介石はルーズベルトの犬として、大日本帝国が実行しようとしていた〝アジア解放〟の足を引っ張っていた白人植民地主義者の手先と見なされ、韓国についてもベトナム戦争では米軍に追従して派兵し、ベトナムの南北統一を妨げていた。歴史に向き合わなくてはいけないのは支那韓鮮なのである。

欧米、特亜からいまだに日本に加えられる非難、罵倒、中傷の数々は大日本帝国が実質的勝者であることへのやっかみに起因する面もあるが、その不当なる罵倒を敗戦トラウマにいまだに囚われている日本人が贖罪・懺悔意識から受け入れてしまうことも原因である。欧米、特亜からの攻撃に対して日本人は次のように答えるべきなのである。

「アジアを解放し、戦争目的を達成したのは日本である。敗戦国は植民地を守れなかった連合国だ」。

「大日本帝国は本当に敗戦国であったのか」という原点に遡って検証し、保守は保守の舞台で左翼の日本共産党・日教組と理論闘争をしなくてはいけない。その舞台とは「解放戦勝史観」である。

昭和大帝と東條英機は有色人種解放の英雄

大東亜戦争の前半であり、それによって世界の有色人種は白人優越主義おから解放されたわけだが、それではその戦争の立て役者でありながら、戦犯として処刑された東條英機元首相の評価はどうすればよいのであろうか。東條英機を悪人と決めつけたのは、いわゆる疑似戦勝白人である。白人にすれば東條のせいで虎の子の植民地を奪われ、弱小国家に転落したわけだから、恨み骨髄というわけである。

白人にとって東條は極悪人となるが、一方、世界の有色人種にとって東條は解放の恩人である。支那が東條を目の敵にしている理由は有色人種解放の英雄である東條を貶めなくては、白人の犬となって有色人種解放を妨害していた自分たちの立つ瀬がなくなるからである。支那が靖国神社を目の敵にしている理由も、靖国神社に眠る英霊たちはアジア解放の殉教者であり、靖国神社を貶めなくては白人の太鼓持ちをしていた自分たちが惨めとなるからである。

東條英機は白人にとっては植民地を奪った悪魔ではあるが、有色人種にとっては解放独立の神様である。昭和大帝による開戦のご英断と東條の確固たるアジア解放遂行意思がなければ、人種平等は実現しなかった。現在、人種差別も植民地主義も人類の歴史の中で最も醜悪な過去であると国連は認めている。そうであるならば、国連は人種差別と植民地主義を人類の歴史から一掃した東條英機こそを有色人種の英雄として、その名誉を回復しなくてはならない。第一、その数が二百あまりに上る国連加盟国のほとんどは東條が発動した大東亜戦争の結果誕生した国々である。

国連生みの親はコーデル・ハルであると言われている。コーデル・ハルとは米国国務長官で、大日本帝国にいわゆる〝ハルノート〟を突きつけ大東亜戦争開戦の基本原因をつくった前歴を持つ人物である。開戦原因を自らつくっておいて、世界平和のために国連を開設したとは、ドロボーが防犯条例をつくったような話で説得力に欠ける。

アジア・アフリカ各国を独立させ、国連をつくったのはコーデル・ハルではなくて東條英機なのだ。国連は速やかに東條英機の名誉を回復し、遺族に感謝状を贈るべきである。

東條英機が遂行した日本正規軍アジア独立支援行動（大東亜戦争）は全世界の有色人種を白人による差別から解放した。これは、かのアレクサンダー大王やモンゴル帝国の業績を遥かに上回るものと著者は考えている。

大東亜戦争中または終了後、アジア諸国は帝国陸海軍と残留日本義勇兵の協力により次々に独立した。同時にアフリカでも独立の気運が高まることになる。アフリカでは戦前から独立運動が燻《くすぶ》っていた。

ケニアでは戦争終結からわずか七年後の一九五二年、ケニア土地自由軍（英国呼称：マウマウ団）が反植民地主義を掲げて武装蜂起する。英国は十万人のケニヤ人を殺害し対抗したが、独立の機運を潰すことはできず、一九六三年にケニアを完全独立させることに同意した。

オバマ大統領は大東亜戦争の申し子

ケニア独立準備政府は独立後の官僚養成のため、国内の有能な青年たちを海外へ留学させたのだが、その中にバラク・オバマ・シニアという青年がいた。この青年がオバマ・ジュニア前米国大統領の父である。ハワイ大学計量経済学科に留学したオバマ・シニアは白人女性と知り合い、一九六一年オバマ・ジュニアが生まれる。しかしその直後、一九六三年のケニア独立へ向け、ケニア政府は全留学生に帰国命令を出したため、父は単身帰国した。母親は人類学者になることをめざし、息子と共にハワイに残り勉学を継続したが、今度はインドネシア人の留学生と再婚する。

一九六五年、インドネシアではスハルト将軍が共産党によるクーデターを鎮圧し実権を把握、すべての国費留学生に帰国命令を出す。オバマ・ジュニア一家は、今度はインドネシアへ引っ越すこととなる。その結果、オバマ・ジュニアは小中学生時代をインドネシアで過ごすこととなった。

もしもケニアが独立しなければ、実の父と母の出会いはなかったであろう。また、インドネシアが独立していなければ、母と継父との出会いもなかったであろう。

ケニアの独立もインドネシアの独立も大東亜戦争の結果である。

〝有色人種解放戦争〟であった大東亜戦争は最大の〝白人敵国〟であった米国の大統領まで有色人種にしてしまった。これを「戦勝」と言わずして何と言うのであろうか。

あとがき

本書において日本共産党・日教組は自分たちの祖国と先祖を、歴史を捏造してまで貶める輩であることを証明した。同じ日本人であるのになぜそのような非道を行えるのか不思議に思うところである。

自分が生まれ育った国の国旗国歌を拒否し、ひたすら「悪い国です」と内外に喧伝する。賢明なる読者貴兄であるならば、そんなに日本が嫌いなら他国へでも移民すればよいのにと考えるところであろう。

共産党員と日教組組合員はなぜここまで自国を否定できるのであろうか。その答えは簡単である。彼らは日本人ではなくなっているからだ。たしかに子供の頃は日本人としての意識を持ってはいたであろう。しかし、その後反日蔑日思想を吹き込まれ、日本人ではなくなったのである。

このような現象は日本独特のものである。欧米にも共産党は存在するが、自国の国旗国歌を蔑むことはしない。陸続きであり、常に隣国からの侵略に曝されてきた欧州各国では共産主義であろうがなかろうが、自分と家族を守るのは祖国であることを知り尽くしているからだ。

一方、わが国は海という自然の城壁に囲まれており、他国からの侵略は元寇と米軍による空襲のみである。それゆえ、日本人には祖国意識が希薄である。祖国が存することへの有り難みを知らない日本人が多すぎるということだ。

海外で生活した経験があるなら、祖国の有り難みを感じることもあろうが、共産党員の大半は低所得者であり、貧乏神と同居しているような奴らであるから、健康保険がなく、雇用保険もなく、人種差別と犯罪ばかりの海外で暮らすことはない。それゆえ祖国に感謝することもない。

日教組の教員は国内の学校で仕事をするゆえ、観光旅行で海外へ行くことはあっても、海外で長期にわたって生活を営むことはない。子供相手の仕事であるから、思考能力も子供レベルに低下する。それゆえ祖国が存在することに感謝することもない。

結局、共産党員と日教組組合員は反日蔑日を叫びながら日本国内で一生を終える。祖国の保護で暮らしながら、祖国に感謝することもなく、蔑む。これを寄生虫という。

日本共産党員と日教組教員はヤクザが社会のダニと呼ばれるように、社会の寄生虫なのである。

我々国を愛し、感謝する日本人は共産党党員と日教組教員を同じ日本人であると認識してはいけない。彼らは豊かな国日本に寄生する寄生虫なのである。寄生虫は駆除されなくてはならない。それゆえ、日常においても共産党員、日教組教員とのお付き合いは遠慮すべきである。私はそうしている。

最後に資料発掘に尽力して下さった八巻康成氏と本書の出版にあたって御助言いただいた展転社の皆様方に深く謝意を表して筆を擱きたい。

安濃豊（あんのう　ゆたか）

昭和26年12月8日札幌生れ。北海道大学農学部農業工学科卒業。

農学博士（昭和61年、北大農学部より学位授与、博士論文はSNOWDRIFT MODELING AND ITS APPLICATION TO AGRICULTURE「農業施設の防雪風洞模型実験」）。

総理府（現内閣府）技官として北海道開発庁（現国土交通省）に任官。

昭和60年、米国陸軍寒地理工学研究所研究員、ニューハンプシャー州立大学土木工学科研究員。平成元年、アイオワ州立大学（Ames）航空宇宙工学科客員研究員（研究テーマは「火星表面における砂嵐の研究」）、米国土木工学会吹雪研究委員会委員。平成6年、NPO 法人宗谷海峡に橋を架ける会代表。平成12年、ラヂオノスタルジア代表取締役、評論家、雪氷学者、ラジオパーソナリティー。

主な著書に『大東亜戦争の開戦目的は植民地解放だった』『絶滅危惧種だった大韓帝国』（いずれも展転社）がある。ほかに著作英文学術論文20本、和文学術論文5本、小説単行本2冊、雑誌北方文芸2編。

安濃が発明した吹雪吹溜風洞は国内では東京ドーム、札幌ドームの屋根雪対策、南極昭和基地の防雪設計、道路ダム空港など土木構造物の防雪設計に、米国では空港基地、南極基地の防雪設計、軍用車両・航空機の着雪着氷防止、吹雪地帯での誘導兵器研究に使用されている。


日本人を赤く染めた共産党と日教組の歴史観を糾す

ガラクタ・ポンコツの思想

平成三十一年二月二十八日　第一刷発行

著　者　安濃　豊
発行人　荒岩　宏奨
発　行　展　転　社

〒101-0051 東京都千代田区神田神保町2-46-402
TEL　〇三（五三一四）九四七〇
FAX　〇三（五三一四）九四八〇
振替〇〇一四〇―六―七九九九二

印刷　中央精版印刷

乱丁・落丁本は送料小社負担にてお取り替え致します。

定価［本体＋税］はカバーに表示してあります。

ISBN978-4-88656-473-3

てんでんBOOKS

[表示価格は本体価格（税抜）です]

大東亜戦争の開戦目的は植民地解放だった　安濃豊

●大日本帝国は開戦時に「政府声明」を発表し、開戦目的の一つがアジアの植民地解放であることを明確に謳っていた！　1400円

絶滅危惧種だった大韓帝国　安濃豊

●恩を仇で返してくる韓国。自己統治能力の欠如した朝鮮半島は一括して国連による信託統治とすべきである！　1600円

フリーダム　江崎道朗

●わが国に真の自由（フリーダム）を取り戻せ。国際情勢と戦後史をふまえながら、日本再建の道を示す渾身の一書！　1500円

朝鮮総連に破産申立てを！　加藤健

●国民は血税1兆3453億円以上も負担させられた！朝鮮総連を震え上がらせる方法として、破産申立を提唱する。　1700円

東條英機は悪人なのか　鈴木晟

●軍国主義者・独裁者として悪罵の限りを浴びて来た東條英機。斯様な人物であったのか。その実像に真正面から挑む。　1800円

東京裁判速記録から読む大東亜戦争　亀谷正志

●日本を裁くことを前提に開廷された極東国際軍事裁判。東京裁判の速記録を辿り、大東亜戦争の真実を読み解く。　2800円

漫画版 モスグリーンの青春　磯米

●赤江飛行場から飛び立った特攻隊員との出会いと別れ。あの時代に生きた青春の記録を全篇オールカラーで漫画化。　1500円

大東亜戦争への道　中村粲

●開戦に至る道程を明治の始めから巨視的かつ克明に辿り、歴史の真相を解明する大東亜戦争論の決定版。　3800円